Criando o Fisiculturista Definitivo:

Aprenda os Segredos e Truques Usados pelos Melhores Fisiculturistas Profissionais e Treinadores para Melhorar o seu Condicionamento, Nutrição e Tenacidade Mental sem Comprimidos ou Shakes

Por

Joseph Correa

Atleta Profissional e Treinador

COPYRIGHT

© 2016 Finibi Inc

Todos os direitos reservados

A reprodução ou tradução de qualquer parte deste trabalho além do permitido pela seção 107 ou 108 da Lei de Direitos Autorais dos Estados Unidos de 1976 sem a permissão do proprietário dos direitos autorais é ilegal.

Esta publicação destina-se a fornecer informações precisas e competentes em relação ao assunto nela abordado. É vendida com o entendimento de que nem o autor nem a editora estão envolvidos na prestação de aconselhamento médico.

Se houver necessidade de aconselhamento médico ou assistência, consulte um médico. Este livro é considerado um guia e não deve ser utilizado de forma prejudicial à saúde. Consulte um médico antes de iniciá-lo para ter certeza que é correto para você.

AGRADECIMENTOS

Para minha família, por seu amor incondicional e apoio durante a criação e desenvolvimento deste livro.

Criando o Fisiculturista Definitivo:

Aprenda os Segredos e Truques Usados pelos Melhores Fisiculturistas Profissionais e Treinadores para Melhorar o seu Condicionamento, Nutrição e Tenacidade Mental sem Comprimidos ou Shakes

Por

Joseph Correa

Atleta Profissional e Treinador

CONTEÚDO

COPYRIGHT

AGRADECIMENTOS

SOBRE O AUTOR

INTRODUÇÃO

CAPÍTULO 1: EXERCÍCIOS DE TREINAMENTO DE ALTA PERFORMANCE PARA MUSCULAÇÃO
CALENDÁRIO NORMAL
CALENDÁRIO AVANÇADO
EXERCÍCIOS DE ALONGAMENTO DINÂMICO
EXERCÍCIOS DE TREINAMENTO DE ALTO DESEMPENHO

CAPÍTULO 2: NUTRIÇÃO PARA CULTURISMO DE ALTO DESEMPENHO
CALENDÁRIO DE CONSTRUÇÃO MUSCULAR
RECEITAS DE REFEIÇÕES DE ALTO DESEMPENHO PARA AUMENTO DE MASSA MUSCULAR
CALENDÁRIO DE QUEIMA DE GORDURA
RECEITAS DE REFEIÇÕES DE ALTA PERFORMANCE PARA QUEIMA DE GORDURA

CAPÍTULO 3: COMO A MEDITAÇÃO PODE BENEFICIAR OS ATLETAS ?

CAPÍTULO 4: OS MELHORES TIPOS DE MEDITAÇÃO PARA MUSCULAÇÃO

CAPÍTULO 5: COMO SE PREPARAR PARA MEDITAR

CAPÍTULO 6: MEDITAÇÃO PARA MAXIMIZAR OS RESULTADOS DA MUSCULAÇÃO

CAPÍTULO 7: TÉCNICAS DE VISUALIZAÇÃO PARA MELHORAR OS RESULTADOS DA MUSCULAÇÃO

CAPÍTULO 8: TÉCNICAS DE VISUALIZAÇÃO: VISUALIZAÇÕES MOTIVACIONAIS

CAPÍTULO 9: TÉCNICAS DE VISUALIZAÇÃO: VISUALIZAÇÃO PARA SOLUÇÃO DE PROBLEMAS

CAPÍTULO 10: TÉCNICAS DE VISUALIZAÇÃO: VISUALIZAÇÃO ORIENTADA PARA METAS

CAPÍTULO 11: TÉCNICAS DE RESPIRAÇÃO PARA MAXIMIZAR SUA EXPERIÊNCIA DE VISUALIZAÇÃO E MELHORAR O SEU DESEMPENHO

COMENTÁRIOS FINAIS

OUTROS GRANDES TÍTULOS DESTE AUTOR

SOBRE O AUTOR

Por ter desempenhado como atleta profissional, eu entendo o que passa pela sua cabeça e do quão difícil pode ser melhorar o seu desempenho e levá-lo ao próximo nível.

As três maiores mudanças da minha vida vieram aperfeiçoar minha força e condicionamento, reforçar minha flexibilidade e **aumentar minha capacidade de concentração através da meditação e visualização.**

A meditação e a visualização me ajudaram a controlar minhas emoções e a simular competições ao vivo antes que elas tenham acontecido.

A adição de ioga e longos períodos de alongamento reduziram minhas lesões para quase zero e melhoraram a minha reação e velocidade.

Melhorar a minha nutrição me permitiram continuar com o máximo desempenho mesmo sob condições climáticas difíceis, o que poderia, no passado ter me afetado causando cãibras e distensões musculares.

De longe, a meditação/visualização mudará tudo, não importa a modalidade atlética em que você esteja. Você vai ver o quão poderosa ela é quando você gastar mais e mais tempo com ela, e dedicar um mínimo de 10 minutos por dia para a respiração, pensamento focado e concentração.

INTRODUÇÃO

Para alcançar o seu verdadeiro potencial você precisa estar em ótima condição física e mental, e para fazer isso você precisa começar um plano organizado que irá ajudá-lo a desenvolver a sua força, mobilidade, nutrição e resistência mental. Este livro vai fazer isso. Comer corretamente e treinamento duro são duas das peças do enigma, mas você precisa da terceira peça para fazer tudo isso acontecer. A terceira peça é a resistência mental que pode ser obtida através das técnicas de meditação e visualização ensinadas neste livro.

Este livro irá fornecer-lhe o seguinte:

- Calendários de treinamento normal e avançado
- Exercícios de alongamento dinâmico
- Exercícios de treinamento de alto desempenho
- Exercícios de recuperação ativa
- Calendário de nutrição para aumento de massa muscular
- Calendário de nutrição para queima de gordura
- Receitas para construção muscular
- Receitas para queima de gordura
- Técnicas avançadas de respiração para melhorar o desempenho
- Técnicas de meditação

- Técnicas de visualização
- Sessões de visualização para melhorar o desempenho

Condicionamento físico e musculação, nutrição inteligente, e técnicas avançadas de meditação/visualização são as três chaves para alcançar o desempenho ideal. A maioria dos atletas está esquecendo um ou dois destes ingredientes fundamentais, mas ao tomar a decisão de mudar, você terá a possibilidade de alcançar um novo você "DEFINITIVO".

Os atletas que começarem este plano de treinamento verão o seguinte:

- Aumento do crescimento muscular
- Redução dos níveis de estresse
- Força aprimorada, mobilidade e reação
- Melhor capacidade de se concentrar por longos períodos de tempo
- Mais rapidez e mais estabilidade
- Menos fadiga muscular
- Maior rapidez de recuperação após competir ou treinar
- Ganho de flexibilidade
- Melhor superação do nervosismo
- Melhor controle sobre sua respiração
- Controle sobre suas emoções sob pressão

Faça a escolha. Faça a mudança. Faça um novo você "DEFINITIVO".

CAPÍTULO 1: EXERCÍCIOS DE TREINAMENTO DE ALTA PERFORMANCE PARA MUSCULAÇÃO

CALENDÁRIO DE ALTA PERFORMANCE "NORMAL"

NORMAL

Domingo	Segunda	Terça	Quarta	Quinta	Sexta	Sábado
				1	2	3
4	5 Parte superior do corpo Gama	6 Recuperação ativa Gama	7 Parte inferior do corpo Gama	8 Parte central do corpo Gama	9 Recuperação ativa Gama	10 Velocidade / Explosão
11 Recuperação ativa	12 Parte superior do corpo Delta	13 Recuperação ativa Delta	14 Parte inferior do corpo Delta	15 Parte central do corpo Delta	16 Recuperação ativa Delta	17 Velocidade / Explosão
18 Recuperação ativa	19 Parte superior do corpo Gama	20 Recuperação ativa Gama	21 Parte inferior do corpo Gama	22 Parte central do corpo Gama	23 Recuperação ativa Gama	24 Velocidade / Explosão
25 Recuperação ativa	26 Parte superior do corpo Delta	27 Recuperação ativa Delta	28 Parte inferior do corpo Delta	29 Parte central do corpo Delta	30 Recuperação ativa Delta	31 Velocidade / Explosão

INSTRUÇÕES:

QUATRO POR SEMANA

Cada semana você vai completar quatro exercícios diferentes, que têm como alvo diferentes áreas do corpo. Isso é para garantir que seu corpo seja constantemente forçado a se adaptar.

PERSONALIZE SEUS EXERCÍCIOS

Cada parte (superior, inferior, central e velocidade / explosão) terá 10 exercícios diferentes que você pode escolher.

MODELO PRÉ-DEFINIDO

Você também pode optar por seguir nosso calendário pré-definido para garantir a você a melhoria de todos os aspectos de sua capacidade atlética.

CALENDÁRIO DE ALTA PERFORMANCE "AVANÇADO"

AVANÇADO

Domingo	Segunda	Terça	Quarta	Quinta	Sexta	Sábado
				1	2	3
4	5 Parte superior do corpo Gama	6 Recuperação ativa Gama	7 Parte Inferior do corpo Gama	8 Parte Central do corpo Gama	9 Recuperação ativa Gama	10 Velocidade / Explosão
11 Recuperação ativa	12 Parte superior do corpo Delta	13 Recuperação ativa Delta	14 Parte Inferior do corpo Delta	15 Parte Central do corpo Delta	16 Recuperação ativa Delta	17 Velocidade / Explosão
18 Recuperação ativa	19 Parte superior do corpo Gama	20 Recuperação ativa Gama	21 Parte Inferior do corpo Gama	22 Parte Central do corpo Gama	23 Recuperação ativa Gama	24 Velocidade / Explosão
25 Recuperação ativa	26 Parte superior do corpo Delta	27 Recuperação ativa Delta	28 Parte Inferior do corpo Delta	29 Parte Central do corpo Delta	30 Recuperação ativa Delta	31 Velocidade / Explosão

INSTRUÇÕES:

QUATRO POR SEMANA

Cada semana você vai completar quatro exercícios diferentes que têm como alvo diferentes áreas do corpo. Isso é para garantir que seu corpo seja constantemente forçado a se adaptar.

PERSONALIZE SEUS EXERCÍCIOS

Cada parte (superior, inferior, central e velocidade / explosão) terá 10 exercícios diferentes que você pode escolher.

MODELO PRÉ-DEFINIDO

Você também pode optar por seguir nosso calendário pré-definidos para garantir a você a melhoria de todos os aspectos da sua capacidade atlética.

COMO FAÇO PARA LER O CALENDÁRIO?

O primeiro calendário atlético é o de nível normal, e é descrito como "NORMAL". Este é o que você deve seguir em circunstâncias normais.

O segundo calendário é a versão plus, e é descrito como "AVANÇADO". Este é o que você deve seguir se escolher aumentar a intensidade. Para esta versão, dobramos as séries que são atribuídas mas não a faixa de repetições.

O QUE SEREI CAPAZ DE REALIZAR APÓS ESTE PROGRAMA?

O objetivo do exercício é melhorar todos os aspectos do desempenho físico: força, agilidade, potência e resistência. Como tal, é o complemento perfeito para uma dieta saudável para qualquer atleta.

EXERCÍCIOS DE ALONGAMENTO DINÂMICO

Estes são um série de 4 exercícios (independente dos 40 exercícios principais) que o atleta terá de completar antes de cada treino (referido como desdobramento neste livro). Em dias de recuperação ativa, o atleta deverá concluir estes exercícios em combinação com uma sessão de cardio moderada de 30 minutos em vez de 15.

   a. **Rollover sentado em V :** Comece se sentando no chão. Em seguida se impulsione para trás rolando os joelhos para dentro, para que eles toquem seu peito (agora o seu peso deve se concentrar na parte traseira) com os braços estendidos no chão. Por fim, retroceda para voltar a posição inicial e afaste as pernas para que elas formem um V. Realizar 15 vezes.
   b. **Hidrante:** Comece colocando seus joelhos e palmas das mãos no chão (na largura dos ombros). Certifique-se de que as suas costas estejam retas. Sem mexer as costas, desenhe um círculo com o joelho para que ele se mova para fora, para a frente e para trás. Repita 15 vezes para cada perna.
   c. **Agachar e segurar:** Execute um agachamento e segure por 30 segundos na posição inferior.

d. **Estocadas para a frente**: Realize estocadas, movendo uma perna para a frente de cada vez. 12 repetições cada perna (24 no total).

EXERCÍCIOS DE TREINAMENTO DE ALTO DESEMPENHO

Exercícios para a Parte Superior do Corpo

Estes são os exercícios que você irá realizar nos dias marcados como "parte superior do corpo" em seu calendário.

1. **Flexões de braço (tórax)**

Como:

   a. Deite-se no chão de barriga para baixo e posicione as mãos na largura dos ombros.
   b. Lentamente, abaixe o corpo até que o peito fique na mesma altura do punho no chão (tempo: 3 segundos).
   c. Rapidamente empurre o seu corpo para cima (Tempo: 1 segundo).

Esquema de Repetições:

*** 3 séries de 12 repetições. Cada conjunto de séries deve ser difícil, mas você não deve chegar à completa exaustão. Você deve ser capaz de fazer mais 2-3 repetições após a 12ª repetição. Ajuste o intervalo de repetições até que o critério seja atendido, mas não altere o número de séries.

Benefícios para a saúde:

+++ Força, ++ Flexibilidade, ++ Fortalecimento das articulações

2. Flexões Diamante (tríceps, peito)

Como:

a. Deite-se no chão de barriga para baixo e posicione as mãos mais estreitas do que a largura dos ombros.
b. Lentamente, abaixe o corpo até que o peito fique na mesma altura do punho no chão.
c. Rapidamente empurre o seu corpo para cima.

Esquema de Repetições:

*** 3 séries de 12 repetições. Cada conjunto de séries deve ser difícil, mas você não deve chegar à completa exaustão. Você deve ser capaz de fazer mais 2-3 repetições após a 12ª repetição. Ajuste o intervalo de repetições até que o critério seja atendido, mas não altere o número de séries.

Benefícios para a saúde:

+++ Força, +++ Resistência

3. **Flexões de um braço (tríceps, peito)**

Como:

a. Deite-se no chão de barriga para baixo e posicione suas mãos na largura dos ombros
b. Deixar um braço na frente de você e coloque o outro em suas costas
c. Abaixe, e em seguida empurre o seu corpo novamente para cima

Esquema de Repetições:

*** 5 séries de 5 rep. Se for difícil demais comece com uma menor faixa de repetições e exercite-se. Se ainda for muito difícil realizar os exercícios, coloque as mãos em uma plataforma elevada (caixa, livros etc...).

Benefícios para a saúde:

+++ Força, +++ Flexibilidade, +++ Explosão

4. **Barra fixa - Pull-up (costas, bíceps)**

Como:

   a. Agarre a barra na largura dos ombros com as palmas viradas para a frente.
   b. Ainda pendurado, traga o tronco ligeiramente para trás para formar uma pequena inclinação
   c. Puxe o tronco até que a barra toque ou chegue perto da parte superior de seu peito
   d. Abaixe-se e repita

Esquema de Repetições:

*** 3 séries de 10 rep. Cada conjunto de séries deve ser difícil, mas você não deve chegar à completa exaustão. Você deve ser capaz de fazer mais 2-3 repetições após a 10ª rep. Ajuste o intervalo de repetições até que os critérios sejam atendidos, mas não altere o número de séries.

Benefícios para a saúde:

+++ Força, +++ Resistência

5. **Barra fixa - Mucle up (peitoral , tríceps, costas)**

Como:

a. Pendure-se em uma barra com os polegares no topo da mesma (não em torno dela)
b. Eleve o corpo como se fosse fazer um pull-up
c. Role seu peito sobre a barra para fazer a transição a partir da posição de pull-up para uma posição de mergulho
d. Retorne para baixo e repita

Esquema de Rep.: *** 5 séries de 5 rep. Se for difícil demais comece com uma menor faixa de repetições e exercite-se. Se ainda for muito difícil realize 10 séries de 1 rep. Use seu jeito de trabalhar.

Benefícios para a saúde:

+++ Força, ++ Agilidade

6. Barra fixa - Mergulho (tríceps, peito)

Como:

a. Posicione as mãos em cada lado da barra para que seus braços fiquem totalmente estendidos e suportem o seu peso
b. Abaixe o corpo, flexione o cotovelo, assegurando-se de que o movimento seja controlado
c. Pressione seu corpo de volta à posição inicial

Esquema de Repetições:

*** 3 séries de 15 rep. Cada conjunto de séries deve ser difícil, mas você não deve chegar à completa exaustão. Você deve ser capaz de fazer mais de 2-3 repetições após a 15ª rep. Ajuste o intervalo de repetição até que os critérios sejam atendidos, mas não altere o número de séries.

7. Barra fixa - Pull-up em forma de L (costas, bíceps)

Como:

a. Posicione-se em uma posição normal de pull-up
b. Levante as pernas para cima como se fosse executar uma elevação de pernas (as pernas devem formar um ângulo de 90° com o tronco)
c. Puxe-se, tanto quanto possível, assim como em um pull-up regular
d. Abaixe-se e repita

Esquema de Repetições:

*** 5 séries de 5 rep. Se for muito difícil, diminua as repetições, mas não as séries até que você possa executar todas as cinco séries.

Benefícios para a saúde:

++++ Força, +++ Flexibilidade, ++ Resistência

8. Barra fixa - pegada larga (volta)

Como:

a. Agarre a barra com as palmas voltadas para a frente mais larga do que a largura dos ombros.
b. Ainda pendurado, traga o tronco ligeiramente para trás para formar uma pequena inclinação
c. Puxe o tronco até que a barra toque ou chegue perto da parte superior de seu peito
d. Abaixe-se e repita

Esquema de Repetições:

*** 3 séries de 10 rep. Cada conjunto de séries deve ser difícil, mas você não deve chegar à completa exaustão. Você deve ser capaz de fazer mais 2-3 repetições após a 10ª rep. Ajuste o intervalo de repetições até que o critério seja atendido, mas não altere o número de séries.

Benefícios para a saúde:

+++ Força, +++ Resistência

Delta X treino: realizar os exercícios 1,3,5,8

Gama X treino: realizar os exercícios 2,4,6,7

Exercícios Para a parte Inferior do Corpo

Estes são os exercícios que você irá executar nos dias marcados como "parte inferior do corpo" em seu calendário.

1. **Pulo Flexionado (glúteos, quadríceps)**

Como:

a. Fique em pé, com os joelhos ligeiramente flexionados na largura dos ombros
b. Salte, trazendo os joelhos em direção ao peito e estenda os braços para cima

Esquema de Repetições:

*** 3 séries de 20 repetições.

Benefícios para a saúde:

+++ Ganhos de força explosiva, ++ Maior flexibilidade

2. Sentar na parede (glúteos, quadríceps)

Como:

a. Com as costas encostadas na parede (de frente para o outro lado)
b. Agache/deslize para baixo até que as coxas fiquem paralelas ao chão
c. Segure a posição

Esquema de Repetições:

*** 3 séries de 120 segundos.

Benefícios para a saúde:

++ Resistência, +++ Limiar lático, ++ Força

3. Estocadas (quadríceps)

Como:

a. Fique em pé com as pernas na largura dos ombros
b. Dê um passo à frente com a perna direita, tanto quanto possível, sem exagerar
c. Flexione a perna esquerda até que o joelho esquerdo fique perto de tocar o chão
d. Afaste-se
e. Repita com a perna esquerda (flexione a direita)

Esquema de Repetições:

*** 3 séries de 15 repetições.

Benefícios para a saúde:

++ Força, ++ Estabilidade

4. Agachamento aéreo (quadríceps, glúteos)

Como:

a. Fique em pé com as pernas na largura dos ombros
b. Sente-se, lançando os quadris para trás
c. Certifique-se de que suas costas fiquem retas e de olhar para cima e para a frente enquanto executar o agachamento
d. Retorne com as pernas totalmente estendidas

Esquema de Repetições:

*** 3 séries de 30 rep.

Benefícios para a saúde:

+++ Força, ++ Resistência

5. Agachamento fechado (quadríceps)

Como:

a. Em pé, aproxime os pés sem se tocarem
b. Sente-se, lançando os quadris para trás com os braços estendidos para a frente
c. Certifique-se de que suas costas fiquem retas e de olhar para cima e para a frente enquanto executar o agachamento
d. Retorne com as pernas totalmente estendidas

Esquema de Repetições:

*** 3 séries de 30 rep.

Benefícios para a saúde:

+++ Força,++ Resistência, ++ Balanço

6. Pássaro bebendo (quadríceps, isquiotibiais)

Como:

a. Em pé, com uma ligeira curva na perna, posicione a outra perna atrás de você
b. Dobre para a frente de modo que a perna atrás de você fique paralela às suas costas
c. Enquanto faz isso estenda totalmente os braços à sua frente
d. Volte à posição inicial e repita

Esquema de Repetições:

*** 10 repetições por perna. Uma série.

Benefícios para a saúde:

+++ Equilíbrio, ++ Resistência

7. Elevação da panturrilha - uma perna

Como:

a. Fique em pé sobre uma borda com os pés separados na largura dos ombros, de modo que o seu peso se concentre na parte da frente de seu pé
b. Deixe um pé na borda, colocando o outro um pouco atrás de modo que todo o seu peso fique sobre a parte frontal de um pé
c. Abaixe-se, de modo a contrair o músculo da panturrilha

Esquema de Repetições:

*** 2 séries de 20 rep. por perna.

Benefícios para a saúde:

+++ Força,++ Equilíbrio, ++ Resistência

8. Elevação de quadril (glúteos)

Como:

a. Deitado de costas no chão
b. Flexione os joelhos em um ângulo de 90°
c. Levante os quadris com a ajuda de suas mãos uma de cada lado
d. Abaixe e repita

Esquema de Repetições:

*** 3 séries de 12 rep. Cada conjunto de séries deve ser difícil, mas você não deve chegar à completa exaustão. Você deve ser capaz de fazer mais 2-3 repetições após a 12ª rep. Ajuste o intervalo de repetições até que o critério seja atendido, mas não altere o número de séries.

Benefícios para a saúde:

+++ Força, ++ Resistência

Delta X treino: realizar os exercícios 1,3,5,8

Gama X treino: realizar os exercícios 2,4,6,7

Exercícios para a Parte Central do Corpo

Estes são os exercícios que você irá completar nos dias marcados como "parte central do corpo" em seu calendário.

1. **Prancha**

Como:

   a. Deite-se de bruços no chão com os braços separados na largura do ombro
   b. Certifique-se de apoiar o seu peso com os dedos dos pés e antebraços
   c. Segure a posição

Esquema de Repetições:

*** 3 séries de 120 segundos.

Benefícios para a saúde:

++ Resistência, +++ Limiar lático, +++ Estabilidade central

2. Twist russo

Como:

a. Deite-se no chão (sente), com as pernas dobradas na altura dos joelhos
b. Certifique-se de que seu tronco esteja ereto para que ele faça um V com as coxas
c. Estenda os braços (segurando ou não um peso) e torça o tronco para a direita, tanto quanto você puder
d. Repita torcendo para sua esquerda

Esquema de Repetições:

*** 3 séries de 20 rep. Cada conjunto de séries deve ser difícil, mas você não deve chegar à completa exaustão. Você deve ser capaz de fazer mais 2-3 repetições após a 20ª rep. Ajuste o intervalo de repetições até que o critério seja atendido, mas não altere o número de séries.

Benefícios para a saúde:

++ Força, +++ Estabilidade central

3. **Elevação da perna**

Como:

a. Deite-se no chão com as pernas esticadas
b. Coloque as mãos ao lado de seus glúteos
c. Levante as pernas fazendo um ângulo de 90°, assegurando-se de que suas pernas não dobrem (as mãos devem ajudar a empurrar e no equilíbrio)

Esquema de Repetições:

*** 3 séries de 20 rep. Cada conjunto de séries deve ser difícil, mas você não deve chegar à completa exaustão. Você deve ser capaz de fazer mais 2-3 repetições após a 20ª rep. Ajuste o intervalo de repetições até que o critério seja atendido, mas não altere o número de séries.

Benefícios para a saúde:

++ Força, +++ Estabilidade central

4. Abdominal Crunch

Como:

a. Deite-se no chão virado para cima
b. Flexione os joelhos formando um ângulo de 90 graus
c. Levante o tronco, o suficiente para que eles não toquem o chão (não sente-se completamente)

Esquema de Repetições:

*** 3 séries de 40 rep. Cada conjunto de séries deve ser difícil, mas você não deve chegar à completa exaustão. Você deve ser capaz de fazer mais 2-3 repetições após a 40ª rep. Ajuste o intervalo de repetições até que o critério seja atendido, mas não altere o número de séries.

Benefícios para a saúde:

+++ Resistência, +++ Estabilidade central

5. Prancha Push-up

Como:

a. Coloque-se na posição de prancha
b. Abaixe-se até que esteja na primeira metade do movimento
c. Segure a posição

Esquema de Repetições:

*** 3 séries de 60 rep. Cada conjunto de séries deve ser difícil, mas você não deve chegar à completa exaustão. Se necessário, ajuste o tempo, mas não o número de séries.

Benefícios para a saúde:

+++ Resistência, ++ Estabilidade central

6. Moinho de vento deitado

Como:

a. Deite-se de costas com os braços estendidos e levante as pernas para formar um ângulo de 90°
b. Segure a posição

Esquema de Repetições:

*** 3 séries de 60 segundos.

Benefícios para a saúde:

+++ Resistência, Força +++

7. **Prancha Homem-aranha**

Como:

   a. Comece na posição de prancha normal com o peso sobre os antebraços e a parte frontal dos pés
   b. Certifique-se de que as costas estejam retas
   c. Traga o joelho direito para a frente para que ele toque o cotovelo direito
   d. Volte à posição inicial
   e. Repita com o joelho esquerdo

Esquema de Repetições:

*** 3 séries de 10 rep. Cada conjunto de séries deve ser difícil, mas você não deve chegar à completa exaustão. Você deve ser capaz de fazer mais 2-3 repetições após a 10ª rep. Ajuste o intervalo de repetições até que o critério seja atendido, mas não altere o número de séries.

Benefícios para a saúde:

+++ Força, ++ Flexibilidade ++, Resistência

8. Bicicleta crunch

Como:

a. Deite-se de costas com as mãos atrás da cabeça
b. Dobre as pernas até um ângulo de 90°
c. Leve o seu joelho direito em direção ao cotovelo esquerdo até tocá-lo, se possível
d. Repita com o joelho esquerdo

Esquema de Repetições:

*** 3 séries de 20 rep. Cada conjunto de séries deve ser difícil, mas você não deve chegar à completa exaustão. Você deve ser capaz de fazer mais 2-3 repetições após a 20ª rep. Ajuste o intervalo de repetições até que o critério seja atendido, mas não altere o número de séries.

Benefícios para a saúde:

+++ Força, +++ Resistência

Delta X treino: realizar os exercícios 1,3,5,8

Gama X treino: realizar os exercícios 2,4,6,7

Velocidade / Exercícios de agilidade

Estes são os exercícios que você irá executar nos dias marcados como "Velocidade/Explosão" em seu calendário.

1. **Sprints de Treinamento de alta intensidade (TAI)**

Como:

A ideia é realizar sprints de 8x30 segundos com a máxima intensidade com 2 minutos de descanso entre cada sprint.

Benefícios para a saúde:

++ Energia, +++ Recuperação, +++ Velocidade

2. Sprints de montanha (TAI)

Como:

A ideia é realizar sprints de 5x 10-30/segundos em uma montanha ou uma superfície inclinada com 2 minutos de descanso entre cada sprint.

Benefícios para a saúde:

+++ Energia, +++ Velocidade

3. Mão aleatória (tórax, peito, tríceps)

Como:

a. Coloque-se na posição de prancha com as mãos separadas na largura do ombro
b. Mova ou a mão direita ou a mão esquerda em direção ao centro
c. Mova a outra em direção ao centro. Agora você deve estar na posição de flexões diamante
d. Mova a primeira mão de volta à lateral
e. Mova a segunda mão de volta à lateral
f. Repita o mais rápido possível

Esquema de Repetições:

*** A ideia é realizar séries de 5x60 segundos o mais rápido possível, sem abrandar. Exaustão não é o objetivo aqui, por isso, se o exercício for muito difícil, diminua as séries para 30 segundos cada, para manter a velocidade máxima.

Benefícios para a saúde:

+++ Velocidade, ++ Agilidade, +++ Coordenação

4. Pulo com uma perna (quadríceps, panturrilha)

Como:

a. Em pé, pernas na largura dos ombros
b. Levante um joelho para cima, de modo que você fique em pé sobre uma perna, em uma posição equilibrada
c. Pule para a frente, tanto quanto você puder, fazendo repetições como indicado abaixo
d. Repita com a outra perna

Esquema de Repetições:

*** 3x15 saltos por perna. A ideia é executar o exercício o mais rápido possível, sem abrandar. Exaustão não é o objetivo aqui, por isso, se o exercício é muito difícil, diminua as repetições para manter a velocidade máxima.

Benefícios para a saúde:

+++ Velocidade, +++ Agilidade, ++ Coordenação

5. Salto com caixa (quadríceps, glúteos)

Como:
Em pé, pés na largura dos ombros
Salte sobre a caixa com os dois pés ao mesmo tempo
Pule de volta para baixo

Esquema de Repetições:

*** 3 séries de 30 saltos com caixa. A ideia é executar o exercício o mais rápido possível, sem abrandar. Exaustão não é o objetivo aqui, por isso, se o exercício é muito difícil, diminua as repetições para manter a velocidade máxima.

Benefícios para a saúde:

+++ Energia, +++ Força, ++ Resistência

6. Flexões com palmas (peito, tríceps)

Como:

a. Coloque-se na posição tradicional de prancha
b. Realize a flexão, mas empurre o chão o mais forte possível e bata palmas enquanto estiver no ar
c. Repita

Esquema de Repetições:

*** 5 séries de 5 rep. A ideia é executar o exercício o mais rápido possível, sem abrandar. Exaustão não é o objetivo aqui por isso, se o exercício é muito difícil, diminua as repetições para manter a velocidade máxima.

Benefícios para a saúde:

+++ Energia, +++ Força, ++ Força conjunta

7. Flexões com a junta dos dedos (peito, tríceps)

Como:

a. Comece na posição tradicional de flexão com prancha, mas apoie o peso do corpo sobre as juntas dos dedos em vez de sua mão
b. Realize a flexão, mas empurre o chão o mais forte possível
c. Repita

Esquema de Repetições:

*** 5 séries de 5 rep. A ideia é executar o exercício o mais rápido possível, sem abrandar. Exaustão não é o objetivo aqui por isso, se o exercício é muito difícil, diminua as repetições para manter a velocidade máxima.

Benefícios para a saúde:

+++ Força conjunta, +++ Poder

8. Salto lateral com caixa (quadríceps, glúteos)

Como:
Em pé, ao lado de uma caixa ou plataforma elevada
Coloque o pé mais próximo da parte superior da caixa
Com um pé salte para cima da caixa o mais rápido possível
Pise com o pé direito na caixa
Repita com a outra perna

Esquema de Repetições:

*** 3 séries de 12 rep. A ideia é realizar o exercício o mais rápido possível, sem abrandar. Exaustão não é o objetivo aqui por isso, se o exercício é muito difícil, diminua as repetições para manter a velocidade máxima.

Benefícios para a saúde:

+++ Força, +++ Agilidade

Delta X treino: realizar os exercícios 1,3,5,8

Gama treino: realizar os exercícios 2,4,6,7

Glossário

Agilidade: capacidade de ser rápido, preciso e eficaz

Coordenação: a capacidade de empregar diferentes partes do corpo simultaneamente executando diferentes tarefas

Dosagem: a capacidade de levantar cargas mais elevadas no mesmo volume de trabalho

Exaustão: é a falha completa, a incapacidade de continuar

Limiar lático: este é o ponto em que o lactato começa a se acumular no sangue o que produz uma sensação de queimação nos músculos

Potência: a capacidade de produzir mais energia no mais curto espaço de tempo

Recuperação ativa: descansar os músculos enquanto permanecem ativos para que o fluxo de sangue acelere a sua recuperação

Resistência: a capacidade de produzir rendimento durante um longo período de tempo

CAPÍTULO 2: NUTRIÇÃO PARA FISICULTURISMO DE ALTO DESEMPENHO

Porque que a nutrição é importante?

Para maximizar os efeitos das sessões de treinamento é importante ter uma dieta equilibrada através de refeições e/ ou sucos ou shakes. Melhorar a sua condição física vai exigir que você coma direito e não se fadigue mais cedo do que o esperado.

O que devo comer ou beber antes de treinar ou competir?

Os alimentos pré-treinamento ideais que você deve consumir são: proteínas magras, carboidratos fáceis de digerir, gorduras ômega, verduras e legumes e água; que devem ser consumidos em quantidades adequadas, dependendo de suas necessidades calóricas.

Para ajudar você a se preparar para competir, estou incluindo alguns itens de alta nutrição e shakes e ou sucos ricos em proteína, bem como refeições para fazer seu processo digestivo menos distraído enquanto você estiver se exercitando e ter a maior quantidade de energia antes de começar.

Beber esses shakes 30-60 minutos antes do treino lhe trarão melhores resultados e irão mantê-lo sem se sentir com fome ou muito cheio, para relaxar completamente e se concentrar na sessão prestes a ser realizada.

Se você não tem tempo de comer direito, certifique-se de beber pelo menos algo que vai nutrir seu corpo e não apenas fazer você se sentir cheio, pois você precisa se concentrar na qualidade e não na quantidade quando se trata do que você come ou bebe.

Proteína

Proteínas magras são muito importantes para desenvolver e reparar o tecido muscular. Elas também ajudam a normalizar as concentrações hormonais no organismo, que lhe permitirão controlar o seu estado de espírito, bem como o seu temperamento. Algumas das melhores proteínas magras que você pode ter são:

- Peito de peru (natural, se possível).
- Carne vermelha magra (também natural).
- Ovos brancos
- A maioria dos produtos lácteos.
- Peito de frango (natural).
- Quinoa
- Nozes (todas as variedades)

Gorduras ômega

Gorduras ômega são fáceis de obter e muito importantes para as funções do corpo, especialmente para o cérebro. Gorduras ômega são comumente encontradas em:

- Salmão (de preferência natural, não de criadouro)
- Nozes (fáceis de serem colocadas no lanche)
- Linhaça (misturá-las com qualquer shake)
- Sardinhas

Você vai notar as suas funções melhorando e o aumento global da saúde de seu cérebro. Seu sistema imunológico também deve ficar mais forte, o que irá reduzir suas chances de contrair câncer, diabetes e outros problemas graves de saúde.

Hortaliças e Legumes

Às verduras e legumes não é dada a importância devida. Encontre um vegetal que você gosta de comer e inclua em sua dieta. Ele irá recompensá-lo conforme os anos passam. Quando você ouve as pessoas falando sobre como é importante ter uma dieta equilibrada, eles também estão se referindo aos vegetais. Algumas das melhores verduras e legumes para incluir em suas refeições diárias são:

- Tomate
- Cenoura

- Beterraba
- Couve
- Espinafre
- Repolho
- Salsa
- Brócolis
- Couve de bruxelas
- Alface
- Rabanete
- Pimentão verde, vermelho e amarelo
- Pepino
- Berinjela
- Abacate

Você pode estar certo que obtendo uma grande variedade de cores, com certeza, obterá diferentes vitaminas e minerais.

Frutas

As frutas também contêm uma grande quantidade de vitaminas necessárias para que o seu corpo funcione em sua capacidade máxima. Os antioxidantes ajudam o corpo a se recuperar mais rapidamente, o que é extremamente importante para os atletas. Certifique-se de comer muitas frutas que são ricas em antioxidantes após o treinamento ou competição. As frutas constituem uma importante fonte de fibra dietética, que lhe permite processar os alimentos mais facilmente. Algumas das melhores frutas para incluir em sua dieta são:

- Maçã (verde e vermelha)
- Laranja
- Uva (verde e vermelha)
- Banana
- Toranja (Um pouco azeda, mas cheia de antioxidantes)
- Limão e lima (na forma de suco misturado com água. Eu costumo pedir água e algumas fatias de limão quando eu saio para comer, pois estes também são maravilhosos antioxidantes).
- Cerejas (natural, não revestidas com açúcar).
- Tangerina
- Melancia
- Melão

Água

Água e hidratação são muito importantes para o desenvolvimento de seu corpo e podem aumentar a quantidade de energia que você tem durante o dia. Beber sucos e shakes ajudam, mas não são substitutos para a água potável. A quantidade de água que você bebe vai depender da quantidade de treinamento cardiovascular que você faz, isso pode ser mais do que o sugerido habitualmente. A maioria das pessoas deve beber pelo menos 8 copos de água por dia, mas a maioria dos atletas deve beber de 10 -14 copos de água.

Desde que eu comecei a carregar o meu galão de água eu consegui alcançar o meu objetivo "um galão de água por dia", o que tem melhorado significativamente a minha saúde.

Alguns dos benefícios que tenho notado e que a maioria das pessoas vai notar são:

- Menos ou nenhuma dor de cabeça (o cérebro é hidratado com mais frequência)
- Melhor digestão.
- Menos cansado durante o dia.
- Mais energia na parte da manhã.
- Diminuição da quantidade de rugas visíveis.
- Menos cãibras ou sinais de rigidez muscular. (Este é um problema comum para muitos atletas.)
- Melhor concentração (isso irá beneficiá-lo muito, quando meditar).
- Diminuição do desejo por doces e lanches entre as refeições.

CALENDÁRIO DE CONSTRUÇÃO MUSCULAR

Semana 1

Dia 1:
Café Madrugador
Lanche: Iogurte Com Amoras Secas
Hambúrguer De Atum Com Salada
Lanche: Tomates Cereja Com Queijo Cottage
Bacia De Proteína Estilo Mexicano
Dia 2:
Panquecas De Amora Com Limão
Lanche: Abacate Na Torrada
Espetos De Carne Picante
Lanche: Maçã Com Manteiga De Amendoim
Peixe Mediterrâneo
Dia 3:
Tigela Poderosa
Lanche: Iogurte Com Frutas Tropicais
Peito De Frango Recheado Com Arroz Integral
Lanche: Pimentão Com Queijo Cottage
Jantar Vegano Amigável
 Dia 4:
Leite De Amêndoa Batido
Lanche: Copo De Pipoca
Enroladinho De Pollock Com Batatas
Lanche: Iogurte Com Amoras Secas
Alho Hummus

Dia 5
Iogurte Grego Com Sementes De Linhaça E Maçã
Lanche: Bolo De Arroz Com Manteiga De Amendoim
Salmão Assado Com Aspargo Grelhado
Lanche: Talos De Aipo Com Queijo De Cabra E Azeitonas Verdes
Frango Com Salada De Abacate
Dia 6:
Café Da Manhã : "Pizza"
Lanche: Iogurte Grego Com Morangos
Enroladinho De Frango César
Lanche: Grãos De Bico Tostados
Bacalhau Quente
Dia 7:
Anéis De Pimentão Com Polenta Frita
Lanche: Mix De Nozes
Carne E Macarrão Com Brócolis
Lanche: Presunto E Talos De Aipo
Rúcula Com Salada De Frango

Semana 2
Dia 1:
Muffins De Proteína De Soro
Lanche: Abacate Na Torrada
Camarão E Salada De Abobrinha Com Espaguete Linguine
Lanche: Maçã Com Manteiga De Amendoim
Hambúrguer De Tofu

Dia 2:
Café Da Manhã : Mocha Mexicana
Lanche: Iogurte Com Amoras Secas
Truta Com Salada De Batata
Lanche: Copo De Pipoca
Frango Com Abacaxi E Pimentão
Dia 3:
Salmão Defumado E Abacate Com Torrada
Lanche: Tomates Cereja Com Queijo Cottage
Frango Temperado
Lanche: Iogurte Com Amoras Secas
Cogumelos Grelhados E Hambúrguer De Abobrinha
Dia 4:
Shake De Fruta E Manteiga De Amendoim
Lanche: Grãos De Bico Torrados
Feijão Mexicano Chili
Lanche: Iogurte Grego Com Morangos
Frango Agridoce
Dia 5:
Pacote De Proteína Scramble
Lanche: Pimentão Com Queijo Cottage
Almôndegas De Peru Com Cuscuz De Trigo Integral
Lanche: Iogurte Com Frutas Tropicais
Alabote Com Mostarda Dijon
Dia 6:
Panquecas De Proteína De Torta De Abóbora
Lanche: Presunto E Talos De Aipo

Arroz Mediterrâneo
Lanche: Mix De Nozes
Atum Derretido
Dia 7:
Pimentão Com Recheio De Atum
Lanche: Talos De Aipo Com Queijo De Cabra E Azeitonas Verdes
Macarrão Com Almôndega De Carne Com Espinafre
Lanche: Bolo De Arroz Com Manteiga De Amendoim
Tigela De Sushi

Semana 3
Dia 1:
Alta Proteína De Aveia
Lanche: Copo De Pipoca
Ovos Recheados Com Pão Pita
Lanche: Maçã Com Manteiga De Amendoim
Bandeja De Frango Assado
Dia 2:
Café Madrugador
Lanche: Abacate Na Torrada
Carne E Macarrão Com Brócolis
Lanche: Iogurte Com Amoras Secas
Alho Hummus
Dia 3:
Tigela De Poder
Lanche: Iogurte Grego Com Morangos

Enroladinho De Frango César
Lanche: Tomates Cereja Com Queijo Cottage
Peixe Mediterrâneo
Dia 4:
Panquecas De Amora Com Limão
Lanche: Grão De Bico Torrado
Salmão Assado Com Aspargos Grelhados
Lanche: Iogurte
Salada De Rúcula
Dia 5:
Iogurte Grego Com Linhaça E Maçã
Lanche: Presunto E Talos De Aipo
Hambúrguer De Atum Com Salada
Lanche: Iogurte Com Frutas Tropicais
Frango Com Salada De Abacate
Dia 6:
Anéis De Pimentão Com Polenta Frita
Lanche: Pimentão Com Queijo Cottage
Peito De Frango Recheado Com Arroz Integral
Lanche: Mix De Nozes
Bacalhau Quente
Dia 7:
Leite De Amêndoa Batido
Lanche: Bolo De Arroz Com Manteiga De Amendoim
Espetos De Carne Picante
Lanche: Talos De Aipo Com Queijo De Cabra E Azeitonas Verdes

Bacia De Proteína Estilo Mexicano

Semana 4

Dia 1:
Café Da Manhã : "Pizza"
Lanche: Iogurte Grego Com Morangos
Enroladinho De Pollock Com Batatas
Lanche: Copo De Pipoca
Jantar Vegano Amigável
Dia 2:
Café Da Manhã : Mocha Mexicana
Lanche: Tomates Cereja Com Queijo Cottage
Arroz Mediterrâneo
Lanche: Maçã Com Manteiga De Amendoim
Cogumelos Grelhados E Hambúrguer De Abobrinha
Dia 3:
Shake De Fruta E Manteiga De Amendoim
Lanche: Abacate Na Torrada
Camarão E Salada De Abobrinha Com Espaguete Linguine
Lanche: Iogurte Com Amoras Secas
Frango Agridoce
Dia 4:
Panquecas De Proteína De Torta De Abóbora
Lanche: Iogurte Com Amoras Secas
Frango Temperado
Lanche: Grãos De Bico Tostados

Alabote Com Mostarda Dijon

Dia 5:

Salmão Defumado E Abacate Com Torrada

Lanche: Presunto E Talos De Aipo

Macarrão Com Almôndega De Carne Com Espinafre

Lanche: Mix De Nozes

Hambúrguer De Tofu

Dia 6:

Alta Proteína De Aveia

Lanche: Pimentão Com Queijo Cottage

Feijão Mexicano Chili

Lanche: Iogurte Com Frutas Tropicais

Tigela De Sushi

Dia 7:

Pacote De Proteína Scramble

Lanche: Bolo De Arroz Com Manteiga De Amendoim

Truta Com Salada De Batata

Lanche: Iogurte Grego Com Morangos

Bandeja De Frango Assado

2 dias extras para um mês inteiro:

Dia 1:
Muffins De Proteína De Soro
Lanche: Talos De Aipo Com Queijo De Cabra E Azeitonas Verdes
Almôndegas De Peru Com Cuscuz De Trigo Integral
Lanche: Maçã Com Manteiga De Amendoim
Atum Derretido
Dia 2:
Pimentão Com Recheio De Atum
Lanche: Iogurte Com Amoras Secas
Ovos Recheados Com Pão Pita
Lanche: Mix De Nozes
Frango Com Abacaxi E Pimentão.

RECEITAS DE REFEIÇÕES DE ALTO DESEMPENHO PARA AUMENTO DE MASSA MUSCULAR

CAFÉ DA MANHÃ

1. Café madrugador

Tire seu corpo para fora do estado catabólico com esta alta proteína de fortalecimento muscular de elevada carburação, neste café da manhã ao forno. Na toranja e aspargos tenha a certeza de obter mais da metade de um dia inteiro de vitamina C.

Ingredientes (1 porção):
6 claras de ovos
½ xícara de quinoa misturada com arroz integral, cozidos
3 aspargos, cortados
½ toranja rosa
1 pimentão vermelho pequeno, cortado
1 colher de proteína de soro sem sabor, em pó
1 dente de alho esmagado
Azeite spray
pimenta, sal

Tempo de preparo: 10 min
Tempo de cozimento: 15-20 min

Preparo:

Aqueça o forno a gás a 200ºC. Borrife levemente uma frigideira de ferro fundido com azeite de oliva.

Em uma tigela média, bata as claras em neve com uma pitada de sal e pimenta até formar espuma.

Adicione o arroz integral cozido e a quinoa à frigideira; em seguida despeje as claras, os pedaços de aspargos e as fatias de pimentão.

Asse no forno por 15-20 minutos ou até que os ovos estejam cozidos.

Valor nutricional/porção: 407kcal, 52g proteína, 40g carboidratos (5g fibra, 8g açúcar), 2g gordura, 15% cálcio, 12% ferro, 19% magnésio, 26% vitamina A, 63% vitamina C, 48% vitamina K, 12% vitamina B1, 69% vitamina B2, , 26% vitamina B9.

2. Tigela Poderosa

Um café da manhã com nome apropriado, a tigela poderosa combina a alta potência da proteína da clara de ovo com o abastecimento de energia combustível da farinha de aveia. As nozes adicionam gorduras saudáveis e o mel encabeça tudo com um pouco de doçura.

Ingredientes (1 porção):
6 claras de ovos
½ xícara de aveia instantânea, cozinhado
1/8 xícara de nozes
¼ xícara bagas
1 colher de chá de mel puro
Canela

Tempo de preparo: 10 min
Tempo de cozimento: 5 min

Preparo:
Bata as claras até formar espuma, em seguida, cozinhe em uma frigideira em fogo baixo.
Combine a aveia e as claras em uma tigela; adicione a canela, e o mel puro e misture.
Ponha as bagas, banana e nozes em cima.
Valor nutricional/porção: 344kcal, 30g de proteína, 33g carbono (3g fibra, 23g açúcar), 11g gordura (2 saturada),

10% ferro, 15% magnésio, 10% vitamina B1, vitamina B2, 11%, 15% vitamina B5.

3. Pimentão com recheio de Atum

Esta é uma receita rápida e nutritiva que proporciona uma enorme quantidade de vitamina B12. Rico em proteínas, o atum é uma excelente opção de café da manhã café da manhã para a construção muscular; e se você quiser adicionar alguns carboidratos à sua refeição, um pedaço de pão de trigo integral é uma ótima escolha.

Ingredientes (2 porções):
2 latas de atum em água (185g), metade drenada
3 ovos cozidos
1 cebolinha bem picada
5 picles pequenos, em cubos
Sal, pimenta
4 pimentões sem sementes, ao meio

T. de preparo: 5m

T. de cozimento: 10m

Preparo:
Coloque o atum, ovos, cebolinha, picles e os temperos em um processador de alimentos e misture até ficar homogêneo.
Encha as metades dos pimentões com a mistura e sirva.
Valor nutricional/porção: 480kcal, 46g proteína, 16g gordura (4g saturada), 8g carboidratos (2g fibra, 4g

açúcar), 28% magnésio, 94% vitamina A, 400% vitamina C, 12% vitamina E, 67% vitamina K , 18% vitamina B1, vitamina B2, 32%, 90% vitamina B3, 20% vitamina B5, 56% vitamina B6, 18% vitamina B9, 284% vitamina B12.

4. Iogurte grego com Sementes de Linhaça e Maçã

Diversifique o tradicional ovo branco do café da manhã para a construção muscular, e experimente o iogurte grego de alta proteína com sabor de maçã. Use linhaças inteiras para maximizar a sua ingestão de fibra e mantendo-as em água durante a noite para que fiquem macias e de fácil digestão.

Ingredientes (1 porção):
1 copo de Iogurte Grego
1 maçã cortada em fatias finas
2 colheres de sopa de sementes de linhaça
¼ colher de chá de canela
1 colher de chá Estévia
Uma pitada de sal

T. de preparo: 5m
T. de cozimento: 45 min

Preparo:
Pré-aqueça o forno a gás a 190ºC. Coloque as fatias de maçã em uma panela antiaderente, polvilhe-as com canela, Estévia e uma pitada de sal, cubra-as e leve ao forno por 45 min / até ficarem macias. Retire-as do forno e deixe esfriar por 30 minutos.

Coloque o iogurte grego em uma tigela, em seguida ponha as maçãs e sementes de linhaça por cima e sirva.

Valor nutricional/porção: 422kcal, 22g proteína, 39g carboidratos (7g fibra, 22g açúcar), 21g gordura (8g saturada), 14% cálcio, 22% magnésio, 14% vitamina C, 24% vitamina B1, 13% vitamina B12.

5.   Anéis de Pimentão com Polenta Frita

Uma refeição saborosa e especial para saborear; os anéis de pimentão com combustível de polenta frita para seus músculos, lhe darão energia e força suficiente para atravessar o dia. Cheio de cor e nutrientes, este café da manhã é rico em vitamina B1.

Ingredientes (1 porção):
6 claras de ovos
2 ovos
¼ xícara farinha de arroz integral
1 xícara de espinafre cru
½ pimentão verde
1 xícara de tomates cereja
Azeite de oliva spray
Sal, pimenta

T. de preparo: 10m
T. de cozimento: 15m

Preparo:
Bata as claras em neve com uma pitada de sal e pimenta até formar espuma. Aqueça um pouco de azeite em uma frigideira antiaderente e frite as claras dos ovos e a farinha. Adicione o espinafre, misture e cozinhe até que o espinafre murche.

Borrife levemente uma frigideira com azeite e coloque em fogo médio. Corte os pimentões horizontalmente para criar dois anéis, coloque-os na frigideira e quebre os ovos no interior dos pimentões. Deixe-os cozinhar até que os ovos fiquem brancos.

Coloque a mistura de ovos-farina e os anéis de pimentão cozidos em um prato e sirva com o tomate cereja.

Valor nutricional/porção: 495kcal, 45g proteína, 45g carboidratos (3g fibra, 7g açúcar), 11g gordura (3g saturada), 9% cálcio, 14% ferro, 20% magnésio, 35% vitamina A, 32% vitamina C, 91 % vitamina B2, 22% vitamina B5, 12% vitamina B6, 15% vitamina B12.

6. Leite de Amêndoa Batido

10 minutos é tudo que você precisa para preparar esse Leite de Amêndoa Batido rico em vitamina D e B1. Esta é uma opção perfeita para um rápido café da manhã, por isso você pode preparar uma porção grande dela e mantê-la no congelador.

Ingredientes (2 porções):
1 xícara Leite de amêndoas
1 xícara bagas congeladas misturadas
1 xícara de espinafre
1 colher de proteína em pó sabor banana
1 colher de sopa de sementes de chia

T. de preparo: 10m
Não cozido

Preparo:
Bata todos os ingredientes no liquidificador até ficar homogêneo, despeje em 2 copos e sirva.
Valor nutricional/porção: 295kcal, 26g proteína, 32g carboidratos (4g fibra, 13g açúcar), 9g gordura, 40% cálcio, 20% ferro, 12% magnésio, 50% vitamina A, 40% vitamina C, 25% vitamina D, 57% vitamina E, 213% vitamina B1, 18% vitamina B9.

7. Panquecas de Proteína de Torta de Abóbora

Esqueça a farinha de trigo e tente panquecas de aveia com uma adição deliciosa de abóbora fresca. Derrame alguma calda livre de calorias, e desfrutar de um café da manhã de alta proteína que tem um gosto tão bom quanto uma refeição fraudulenta.

Ingredientes (1 porção):
1/3 copo aveia à moda antiga
¼ xícara de abóbora
½ xícara de ovos brancos
1 colher de proteína em pó de canela
½ colher de chá de canela
Azeite spray

T. de preparo: 5m
T. de cozimento: 5m

Preparo:
Misture todos os ingredientes em uma tigela. Borrife uma frigideira de tamanho médio com azeite e coloque em fogo médio.
Despeje a massa, quando você ver pequenas bolhas aparecem na panqueca, vire. Quando cada lado estiver dourado, retire a panqueca e sirva.

Valor nutricional/porção: 335kcal, 39g proteína, 37g carboidratos (6g fibra, 1g açúcar), 6g gordura, 14% cálcio, 15% ferro, 26% magnésio, 60% vitamina A, 26% vitamina B1, 37% vitamina B2, 10% vitamina B5, 31% vitamina B6.

8. Alta proteína de Aveia

Esta é uma porção saudável de carboidratos que irá mantê-lo saciado por horas, enquanto a proteína em pó e as amêndoas lhe entregarão um pacote-de-proteína para começar o seu dia. Se você preferir, aveia com sabor frutado, use proteína em pó sabor banana.

Ingredientes (1 porção):
2 pacotes de aveia (28g pacote)
¼ xícara de amêndoas moídas
1 colher de proteína de soro sabor baunilha, em pó
1 colher de sopa de canela

T. de preparo: 5m
T. de cozimento: 5m

Preparo:
Despeje a aveia instantânea em uma tigela, misture com a proteína em pó e canela. Adicione a água quente e misture. Polvilhe com as amêndoas moídas e sirva.

Valor nutricional/porção: 436kcal, 33g proteína, 45g carboidratos (10g fibras, 4g açúcar), 15g gordura (1g saturada), 17% cálcio, 19% ferro, 37% magnésio, 44% vitamina E, 21% vitamina B1, 21 % vitamina B2.

9. Pacote de proteína Scramble

Alimente seus músculos e impulsione um treinamento avançado com esta refeição de 51g de proteína. Estas claras de ovos mexidos com legumes e salsicha de peru tem o valor adicional de uma carga de carboidratos e altas quantidades de vitaminas totais.

Ingredientes (1 porção):
8 claras de ovos
2 salsichas de peru, picadas
1 cebola grande, cortada em cubos
1 xícara de pimentão vermelho, em cubos
2 tomates em cubos
2 xícaras de espinafre cru, picado
1 colher de chá de azeite
sal e pimenta

T. de preparo: 10m
T. de cozimento: 10-15m

Preparo:
Bata as claras em neve com uma pitada de sal e pimenta até formar espuma, e reserve.
Aqueça o óleo em uma panela grande antiaderente, regue as cebolas e pimentões e refogue até que estejam macios. Tempere com sal e pimenta. Adicione a salsicha de peru e

cozinhe até que esteja dourada, em seguida, abaixe o fogo e adicione as claras em neve e misture.

Quando os ovos estiverem quase prontos, adicione o tomate e o espinafre, cozinhe por 2 minutos e sirva.

Valor nutricional/porção: 475kcal, 51g proteína, 37g carboidratos (10g fibras, 18g açúcar), 10g gordura (2g saturada), 14% cálcio, 23% ferro, 37% magnésio, 255% vitamina A, 516% vitamina C, 25 % vitamina E, 397% vitamina K, 22% vitamina B1, 112%vitamina B2, 29% vitamina B3, 19% vitamina B5, 51% vitamina B6, 65% vitamina B9.

10. Shake de Fruta e Manteiga de Amendoim

Há melhor maneira de conseguir cálcio para o seu dia inteiro do que com este saboroso shake de morango? Rico em minerais, vitaminas, proteínas e carboidratos para o abastecimento de energia; este shake é a maneira perfeita para iniciar o seu dia.

Ingredientes (1 porção):
15 morangos médios
1 1/3 colheres de sopa de manteiga de amendoim
85g tofu
½ xícara de iogurte sem gordura
¾ xícara de leite desnatado
1 colher de proteína em pó
8 cubos de gelo

T. de preparo: 5m
Não cozido

Preparo:
Ponha o leite dentro do processador e, em seguida, o iogurte e o restante dos ingredientes. Processe até que fique completamente misturado e espumoso. Despeje em um copo e sirva.
Valor nutricional/porção: 472kcal, 45g proteína, 40g carboidratos (6g fibra, 31g açúcar), 13g gordura (4g

saturada), 110% cálcio, 35% ferro, 27% magnésio, 30% vitamina A, 190% vitamina C, 11 % vitamina E, 13% vitamina B1, 24% vitamina B2, 10% vitamina B5, 18% vitamina B6, 17% vitamina B9, 12% vitamina B12.

11. Muffins de Proteína de Soro

Com uma dose saudável de aveia e uma porção de proteína de soro de leite em pó de chocolate, estes muffins de aveia são uma ótima alternativa para os cafés da manhã regulares. Emparelhada com um copo de leite, esta refeição faz com que você obtenha uma boa quantidade de cálcio e vitamina D, que acompanhados com proteína e carboidratos são agradáveis de servir.

Ingredientes (4 muffins-2 porções):
1 xícara de aveia em flocos
1 ovo grande inteiro
5 ovos brancos grandes
½ colher proteína de soro de leite em pó, de chocolate
azeite spray
2 xícaras de leite com baixo teor de gordura, para servir

T. de preparo: 2m
T. de cozimento: 15m

Preparo:
Pré-aqueça o forno a gás a 190ºC. Misture todos os ingredientes juntos por 30 segundos. Pulverize a lata do muffin com azeite, em seguida, coloque a massa em quatro muffins. Coloque no forno por 15m.
Retire do forno, deixe esfriar e sirva com um copo de leite.

Valor nutricional/porção (inclui leite): 330kcal, 28g proteína, 37g carboidratos (9g fibra, 13g açúcar), 6g gordura (5g saturada), 37% cálcio, 22% ferro, 19% magnésio, 12% vitamina A, 34% vitamina D, 44% vitamina B1, 66% vitamina B2, 25% vitamina B5, 11% vitamina B6, 24% vitamina B12.

12. Salmão Defumado e Abacate com Torrada

Você está preparado para um treinamento duro e de curto tempo? Leve apenas 5 minutos para montar este saboroso café da manhã. Tanto o salmão como o abacate são ricos em ácidos saudáveis e esta refeição tem bastante proteína e carboidratos para mantê-lo motivado.

Ingredientes (2 porções):
300g de salmão defumado
2 abacates médios maduros, descaroçados e descascados
Suco de ½ limão
Um punhado folhas de estragão, picado
2 fatias de pão integral torrado

T. de preparo: 5m
Não cozido

Preparo:
Corte os abacates em pedaços e misture o suco do limão. Torça e dobre as peças do salmão defumado, em seguida coloque-os em pratos, espalhe o abacate e o estragão. Sirva com as torradas de trigo integral.
Valor nutricional/porção: 550kcal, 34g proteína, 37g carboidratos (12g fibras, 4g açúcar), 30g gordura (5g saturada), 17% ferro, 24% magnésio, 25% vitamina C, 27% vitamina E, 42% vitamina K, 16% vitamina B1, 24% vitamina

B2, 55% vitamina B3, 35% vitamina B5, 40% vitamina B6, 35% vitamina B9, 81% vitamina B12.

13. Café da manhã "Pizza"

Esqueça o alto teor calórico de uma fatia não nutritiva de pizza e troque por este delicioso substituto. É saudável, satisfaz e leva apenas 20 minutos para fazer; é rica não só em proteínas, mas também em minerais e vitaminas.

Ingredientes (1 porção):
1 pequena pita de trigo
3 claras
1 ovo
¼ xícara de queijo mussarela com baixo teor de gordura
1 cebolinha, cortada
¼ xícara de cogumelos, em cubos
¼ xícara de pimentão, em cubos
2 fatias de bacon de peru, picado
1 colher de chá de azeite
sal e pimenta

T. de preparo: 10m
T. de cozimento: 10m

Preparo:
Bata os ovos com uma pitada de sal e pimenta e adicione os legumes em cubos.
Dobre as bordas do pão pita para formar uma bacia. Pincele ambos os lados com o azeite e coloque o pão pita

na grelha, com o lado da cúpula para baixo. Cozinhe até dourar, em seguida, doure do outro lado.

Despeje a mistura de ovos na pita e cozinhe até que os ovos estejam quase prontos, adicione o bacon de peru, a cebolinha e o queijo. Cozinhe até que o queijo derreta e sirva.

Valor nutricional/porção: 350Kcal, 33g proteína, 12g carboidratos (3g fibra, 4g açúcar), 15g gordura (6 saturada), 32% cálcio, 19% ferro, 15% magnésio, 36% vitamina A, 88% vitamina C, 72 % vitamina K, 21% vitamina B1, 71% vitamina B2, 22% vitamina B3, 14% vitamina B5, 21% vitamina B6, 25% vitamina B9, 29% vitamina B12.

14. Café da manhã: Mocha Mexicana

Coloque sobre sua xícara de aveia favorita uma porção saudável de leite de amêndoa e desfrute de um café da manhã rico em fibra, feito rapidamente. A pimenta caiena é perfeita para adicionar um pouco de glamour ao seu mingau de aveia.

Ingredientes (1 porção):
½ xícara de aveia em flocos
1 colher de proteína em pó, sabor chocolate
½ colher de sopa de canela
½ colher de chá de pimenta caiena
1 xícara de leite de amêndoas sem açúcar
1 colher de sopa de cacau em pó sem açúcar

T. de preparo: 5m
T. de cozimento: 3m

Preparo:
Misture todos os ingredientes em uma tigela para micro-ondas. Aqueça no micro-ondas por 2 ½ -3m, e sirva.
Valor nutricional/porção: 304kcal, 27g proteína, 38g carboidratos (8g fibra, 3g açúcar), 7g gordura, 32% cálcio, 15% ferro, 25% magnésio, 10% vitamina A, 25% vitamina D, 51% vitamina E, 12% vitamina B1.

15. Panquecas de Amora com Limão

Aqueça com um café da manhã que satisfaz; esta panqueca de amora enriquecida pelo sabor do limão é uma maneira simples e saborosa de conseguir a refeição de alta potência que você precisa para começar o seu dia. Espalhe uma colher de sopa de iogurte grego sobre sua panqueca, se quiser.

Ingredientes (1 porção):
1/3 xícara de farelo de aveia
5 ovos brancos
½ xícara de amoras
1 colher de soro de proteína de leite em pó insípida
½ colher de chá de bicarbonato de sódio
1 colher de chá de casca ralada de limão
1 colher de sopa de bebida de limão
Azeite spray

T. de preparo: 5m
T. de cozimento: 5m

Preparo:
Coloque todos os ingredientes em uma tigela grande, misture e bata até ficar homogêneo.
Cozinhe as porção em uma panela pulverizada com azeite à uma temperatura média-alta até que as bolhas se

formem na superfície. Vire e cozinhe até que cada lado esteja dourado escuro. Retire a panqueca e sirva.

Valor nutricional/porção: 340kcal, 47 proteína, 37g carboidratos (14g açúcar, 6g fibra), 5g gordura, 10% ferro, 25% magnésio, 12% vitamina C, 19% vitamina K, 26% vitamina B1, 58% vitamina B2.

ALMOÇO

16. Arroz Mediterrâneo

Transforme a entediante lata de atum em um delicioso prato que é um acionador de partida perfeito para uma tarde de exercício. A elevada quantidade de carboidratos vai alimentar um treino completo, e a proteína irá garantir que seus músculos se recuperem do esforço.

Ingredientes (1 porção):
1 lata de atum em óleo, escorrido
100g de arroz integral
¼ de abacate picado
¼ de cebola roxa, cortada
suco de ½ limão
sal e pimenta

T. de preparo: 5m
T. de cozimento: 20m

Preparo:
Ferva o arroz integral por cerca de 20m, em seguida, coloque-o em uma tigela com a cebola, o atum e o abacate. Adicione o suco do limão e misture todos os ingredientes. Tempere com sal e pimenta a gosto e sirva.
Valor nutricional/porção: 590kcal, 32g proteína, 80g carboidratos (7g fibras, 1g açúcar), 14g gordura (5g

saturada), 22% ferro, 52% magnésio, 101% vitamina D, 18% vitamina E, 107% vitamina K, 32% vitamina B1, 134% vitamina B3, 26% vitamina B5, 39% vitamina B6, 15% vitamina B9, 63% vitamina B12.

17. Frango temperado

O frango é perfeito para uma refeição rica em proteína de construção muscular. Rica em nutrientes de todos os segmentos; esta simples e saborosa refeição, pode ser emparelhada com uma porção de carboidratos de sua escolha.

Ingredientes (2 porções):
3 peitos de frango desossados e cortados ao meio
175g de iogurte de baixo teor de gordura
Um pedaço 5cm de pepino, finamente picado
2 colheres de sopa de pasta de curry tailandês vermelho
2 colheres de sopa de coentro picado
2 xícaras de espinafre cru, para servir.

T. de preparo: 5m
T. de cozimento: 35-40m

Preparo:
Pré-aqueça o forno a gás a 190ºC. Coloque uma camada de frango em um prato. Misture um terço do iogurte, a pasta de curry e dois terços do coentro; adicione sal e despeje sobre o frango, certificando-se de que a carne fique revestida uniformemente. Deixe agir por 30m (ou na geladeira durante a noite).
Grelhe o frango em uma assadeira por 35-40m, até dourar.

Aqueça a água em uma panela e murche o espinafre.

Misture o coentro com o resto do iogurte, adicione o pepino e mexa. Despeje a mistura sobre o frango e sirva com o espinafre cozido.

Valor nutricional/porção: 275kcal, 43g proteína, 8g carboidrato (1g fibra, 8g açúcar), 3g gordura (1g saturada), 20% cálcio, 15% ferro, 25% magnésio, 56% vitamina A, 18% vitamina C, 181 % vitamina K, 16% vitamina B1, 26% vitamina B2, 133% vitamina B3, 25% vitamina B5, 67% vitamina B6, 19% vitamina B9, 22% vitamina B12.

18. Ovos recheados com pão pita

Obtenha o seu suprimento de ômega-3 e ácidos graxos com este rico prato de salmão. Rica em vitaminas e minerais, esta refeição sacia e é uma ótima maneira de impulsioná-lo com energia e força ao longo de seu dia.

Ingredientes (2 porções):
1 salmão enlatado em água (450g)
2 ovos
1 cebolinha grande bem picada
2 folhas de alface grandes
10 tomates cereja
1 colher de sopa de iogurte grego
Um pão pita de trigo integral, cortado ao meio
sal marinho e pimenta

T. de preparo: 10m
T. de cozimento: 10m

Preparo:
Ferva os ovos, descasque-os e corte-os ao meio, em seguida, retire as gemas e coloque-os em uma tigela.
Adicione o salmão enlatado, 1 colher de sopa de iogurte, a cebolinha e os temperos na tigela. Misture todos os ingredientes juntos e encha as claras dos ovos. Sirva com o pão pita recheado com alface e tomates.

Valor nutricional/porção: 455kcal, 45g proteína, 24g carboidratos (3g fibra, 2g açúcar), 36g gordura (10g saturada), 59% cálcio, 22% ferro, 21% magnésio, 30% vitamina A, 24% vitamina C, 43 % vitamina K, 11% vitamina B1, 36% vitamina B2, 60% vitamina B3, 20% vitamina B5, 41% vitamina B6, 20% vitamina B9, 20% vitamina B12.

19. Enroladinho de Frango César

Estes enroladinhos de frango formam uma grande refeição portátil que irá garantir que você mantenha seus níveis de proteína em alta ao longo do dia. Jogue um pouco de espinafre e transforme em uma refeição verde e mais amigável.

Ingredientes (1 porção):
85g de peito de frango, cozido
2 tortilhas de trigo integral
1 xícara de alface
50g de iogurte sem gordura
1 colher de chá de pasta de anchova
1 colher de chá de mostarda seca em pó
1 dente de alho, cozinhado
½ pepino médio picado

T. de preparo: 5m
Não cozido

Preparo:
Misture a pasta de anchova, alho e iogurte em seguida, coloque uma camada sobre a alface e os pepinos. Divida a mistura em dois, adicione as tortilhas e em seguida, coloque a metade do frango em cada uma. Enrole e sirva.

Valor nutricional/porção (2 tortilhas): 460kcal, 41g proteína, 57g carboidratos (7g fibras, 9g açúcar), 10g gordura (2g saturada), 11% cálcio, 22% vitamina K, 13% vitamina B2, 59% vitamina B3, 12% vitamina B5, 29% vitamina B6, 10% vitamina B12.

20. Salmão assado com aspargo grelhado

Um prato clássico, feito mais interessante por um marinado de suco de limão e mostarda; este salmão grelhado vai bem com os aspargos grelhados com alho. Mime-se com esta grande combinação de proteínas e vitaminas.

Ingredientes (1 porção):
140g de salmão selvagem
1 ½ xícara de aspargos
Marinada:
1 colher de sopa de alho picados
1 colher de sopa de mostarda Dijon
Suco de ½ limão
1 colher de chá de azeite

T. de preparo: 5m
T. de cozimento: 15m

Preparo:
Pré-aqueça o forno a gás a 200ºC.
Em uma tigela, misture o suco de limão, a metade do alho, azeite e mostarda; despeje o marinado sobre o salmão e verifique se ele está completamente coberto. Coloque o salmão marinado na geladeira por pelo menos uma hora.

Corte a parte inferior dos talos dos aspargos fora. Coloque os aspargos em uma frigideira antiaderente em fogo médio/alto, com o restante do alho e sele para cerca de 5m, virando os aspargos de todos os lados.

Coloque o salmão em uma assadeira e leve ao forno por 10m, em seguida, sirva com os aspargos grelhados.

Valor nutricional: 350Kcal, 43g proteína, 7g carboidratos (5g fibra, 1g açúcar), 16g gordura (1g saturada), 17% ferro, 20% magnésio, 48% vitamina A, 119% vitamina C, 17% vitamina E, 288 % vitamina K, 39% vitamina B1, 60% vitamina B2, 90% vitamina B3, 33% vitamina B5, 74% vitamina B6, 109% vitamina B9, 75% vitamina B12.

21. Macarrão com Almôndega de carne com Espinafre

Uma refeição de macarrão rica em proteína faz com que a maior parte da carne e espinafre se acoplem. Não é só um pacote cheio de vitamina, mas ela também contém uma quantidade saudável de magnésio, que ajuda a regular a contração muscular.

Ingredientes (2 porções):
Para as almôndegas:
170g de carne moída magra
½ xícara de espinafre cru, picado
1 colher de sopa de alho picado
¼ xícara de cebola vermelha, em cubos
1 colher de chá de cominho
sal marinho e pimenta
Para a Massa:
100g de macarrão de espinafre
10 tomates cereja
2 xícaras de espinafre cru
¼ xícara marinara
2 colheres de sopa de queijo parmesão com baixo teor de gordura

T. de preparo: 15m
T. de cozimento: 30m

Preparo:

Pré-aqueça o forno a gás à 200ºC.

Misture a carne moída, o espinafre cru, o alho, a cebola vermelha e sal e pimenta a gosto. Misture bem com as mãos até que o espinafre seja completamente misturado à carne.

Forme duas ou três almôndegas, aproximadamente do mesmo tamanho, em seguida, coloque-as em uma assadeira no forno por 10-12m.

Cozinhe o macarrão conforme as instruções da embalagem. Escorra o macarrão e misture o tomate, espinafre e queijo. Adicione as almôndegas e sirva.

Valor nutricional/porção: 470kcal, 33g proteína, 50g carboidratos (6g fibra, 5g açúcar), 12g gordura (5g saturada), 17% cálcio, 28% ferro, 74% magnésio, 104% vitamina A, 38% vitamina C, 11 % vitamina E, 361% vitamina K, 16% vitamina B1, 20% vitamina B2, 45% vitamina B3, 11% vitamina B5, 45% vitamina B6, 35% vitamina B9, 37% vitamina B12.

22. Peito de Frango Recheado com Arroz Integral

O arroz integral é uma excelente forma de introduzir carboidratos de qualidade em sua dieta. Casado com o peito de frango, e rico em proteína e alguns vegetais, você tem um delicioso e poderoso almoço.

Ingredientes (1 porção):
170g de peito de frango
½ xícara de espinafre cru
50g de arroz integral
1 Cebolinha, em cubos
1 tomate, cortado
1 colher de sopa de queijo feta

T. de preparo: 10m
T. de cozimento: 30m

Preparo:
Pré-aqueça o forno a gás a 190ºC.
Corte o peito de frango ao meio para fazer parecer como uma borboleta. Tempere o frango com sal e pimenta, em seguida, ponha uma camada de espinafre, queijo feta e tomate em fatias de um lado. Dobre o peito de frango e use um palito para mantê-lo fechado, em seguida, leve ao forno por 20m.

Ferva o arroz integral em seguida, adicione o alho e a cebola picada. Encha um prato com arroz integral, coloque o frango por cima e sirva.

Valor nutricional/porção: 469kcal, 48g proteína, 46g carboidratos (fibra 5g, 6g açúcar), 8g gordura (5g saturada), 22% cálcio, 18% ferro, 38% magnésio, 55% vitamina A, 43% vitamina C, 169 % vitamina K, 28% vitamina B1, 28% vitamina B2, 103% vitamina B3, 28% vitamina B5, 70% vitamina B6, 23% vitamina B9, 17% vitamina B12.

23. Camarão e Salada de abobrinha com Espaguete Linguine

Uma enganosa refeição de massa, com uma porção de abobrinha picada e camarão no vapor, aromatizado com todos os tipos de gergelim. Esta combinação de ingredientes contribui para um almoço leve com um elevado teor em proteínas.

Ingredientes (1 porção):
170g de camarão cozido no vapor
1 abobrinha grande, picada
¼ xícara de cebola roxa, cortada
1 xícara de pimentão, cortado
1 colher de sopa de manteiga de gergelim tostado
1 colher de chá óleo de gergelim
1 colher de chá de sementes de gergelim

T. de preparo: 10m
Não cozido

Preparo:
Corte a abobrinha usando um triturador para fazer os espaguete linguine cru.
Em uma tigela, misture a manteiga e o óleo de gergelim.
Coloque todos os ingredientes em uma tigela grande, despeje o molho de gergelim e misture bem, para se

certificar de que todos os lados estão cobertos pelo molho. Polvilhe algumas sementes de gergelim e sirva.

Valor nutricional/porção: 420kcal, 45g proteína, 26g carboidratos (10g fibras, 12g açúcar), 18g gordura (2g saturada), 19% cálcio, 47% ferro, 48% magnésio, 33% vitamina A, 303% vitamina C, 17 % vitamina E, 31% vitamina K, 38% vitamina B1, 36% vitamina B2, 38% vitamina B3, 13% vitamina B5, 66% vitamina B6, 35% vitamina B9, 42% vitamina B12.

24. Almôndegas de Peru com Cuscuz de Trigo Integral

Este bolinho de carne de peru, cozido em forma de muffin, garante que você minimize a ingestão de gorduras saturadas. Varie um pouco, adicionando pimentão ou cogumelos em vez de cebola nas almôndegas e para temperar uma pitada de alho ao fundo.

Ingredientes (1 porção):
140g de peru magro, moído
¾ xícara cebolas vermelhas, em cubos
1 xícara de espinafre cru
1/3 xícara de molho marinara com baixo teor de sódio
½ xícara cuscuz de trigo integral, cozido
Temperos: salsa, manjericão, coentro...
pimenta, sal
azeite spray

T. de preparo: 5m
T. de cozimento: 20m

Preparo:
Pré-aqueça o forno a gás a 200ºC.
Tempere o peru com temperos à sua escolha e adicione a cebola em cubos. Pulverize as formas de muffin com azeite, coloque o peru temperado dentro das formas de muffin. Cubra cada almôndega de peru com 1 colher de sopa de

molho marinara, em seguida, coloque no forno e asse por 8-10m.

Sirva com cuscuz.

Valor nutricional/porção: 460kcal, 34g proteína, 53g carboidratos (4g fibra,7g açúcar), 12g gordura (4g saturada), 12% cálcio, 15% ferro, 10% magnésio, 16% vitamina A, 15% vitamina C, 11 % vitamina E, 16% vitamina K, 11% vitamina B1, 25% vitamina B3, 16% vitamina B6, 11% vitamina B9.

25. Hambúrguer de Atum com Salada

O hambúrguer de atum é rico em proteínas e carboidratos, tornando-se uma excelente escolha para uma refeição de um dia de treino. Arrume-o de forma diferente à cada vez para mantê-lo interessante, alternando os vegetais e os temperos de sua salada.

Ingredientes (1 porção):
1 atum em conserva (165g)
1 clara de ovo
½ xícara de cogumelos picados
2 xícaras de alface, retalhado
¼ xícara de aveia seca
1 colher de chá de azeite
1 colher de sopa de molho de salada com baixo teor de gordura (de preferência)
Um punhado de orégano, picado
Um rolo médio de pão de trigo integral, ao meio

T. de preparo: 10m
T. de cozimento: 10m

Preparo:
Misture ovo branco, atum, aveia seca, orégano e forme uma massa.

Aqueça o azeite em uma frigideira antiaderente em fogo médio; coloque a massa e dobre para ter certeza que cozinhou dos dois lados.

Corte o rolo de pão de trigo integral ao meio e coloque o croquete entre as duas partes.

Misture os legumes em uma tigela, adicione o molho de salada e sirva ao lado do hambúrguer de atum.

Valor nutricional/porção: 560kcal, 52g proteína, 76g carboidratos (13g fibras, 7g açúcar), 10g gordura (1g saturada), 11% cálcio, 35% ferro, 38% magnésio, 16% vitamina A, 16% vitamina K, 35 % vitamina B1, 33% vitamina B2, 24% vitamina B3, 28% vitamina B5, 41% vitamina B6, 21% vitamina B9, 82% vitamina B12.

26. Espetos de Carne Picante

Este espeto picante é servido acompanhado de batata cozida, tornando-se não apenas uma refeição de construção muscular, mas também uma ótima maneira de introduzir e resguardar a vitamina A de sua dieta. Adicione uma colher de sopa de iogurte desnatado à sua batata para torná-la mais refrescante.

Ingredientes (1 porção):
Um bife de 140g de carne magra
Batata doce 200g
1 pimentão picado
½ abobrinha média picada
alho picado
pimenta, sal

T. de preparo: 15m
T. de cozimento: 55m

Preparo:
Preaqueça o forno a gás a 200ºC. Enrole a batata doce em uma folha, coloque no forno e asse por 45m.
Corte o bife de carne em pedaços pequenos, tempere com sal, pimenta e alho. Monte o espeto, alternando entre carne, abobrinha e pimentão.

Coloque o espeto em uma assadeira e leve ao forno por 10m. Sirva com batata-doce.

Valor nutricional/porção: 375kcal, 38g proteína, 49g carboidratos (fibra 9g, 12 g açúcar), 4g gordura (1g saturada), 24% ferro, 27% magnésio, 581% vitamina A, 195% vitamina C, 21% vitamina K, 22% vitamina B1, 28% vitamina B2, 61% vitamina B3, 28% vitamina B5, 92% vitamina B6, 20% vitamina B9, 30% vitamina B12.

27. Truta com Salada de Batatas

Quer ter a certeza que você não está com deficiência de vitamina B12? Tente esta porção saudável de truta, pareada com nutrientes e vitaminas, e embalada com uma fresca degustação de salada de batata.

Ingredientes (2 porções):
2*140g de filetes de trutas
250g de batatas cerosas,ao meio
4 colheres de chá de iogurte
4 colheres de chá de maionese c/ baixo teor de gordura
1 colher de sopa de alcaparras, lavadas
4 pequenas fatias de pepinos cornichons
2 cebolinhas, em fatias finas
¼ de pepino, cortado em cubos
Raspas de 1 ½ limão

T. de preparo: 10m
T. de cozimento: 20m

Preparo:
Ferva as batatas em água e sal por 15 minutos até que fiquem macias. Escorra e lave em água fria, depois escorra novamente.
Aqueça o grill.

Misture a maionese e iogurte e tempere com um pouco de suco de limão. Acrescente à essa mistura as batatas, as alcaparras, a maior parte da cebolinha, o pepino e os cornichons. Polvilhe a salada com o resto das cebolas.

Tempere a truta, grelhe em uma churrasqueira com a pele voltada para baixo, até ficar cozida. Polvilhe com as raspas de limão e sirva com a salada de batata.

Valor nutricional/porção: 420kcal, 38g proteína, 28g carboidratos (3g fibra, 6g açúcar), 13g gordura (3g saturada), 12% cálcio, 11% ferro, 22% magnésio, 29% vitamina C, 59% vitamina K, 21 % vitamina B1, 18% vitamina B2, 12% vitamina B3, 22% vitamina B5, 43% vitamina B6, 18% vitamina B9, 153% vitamina B12.

28. Feijão Mexicano Chili

Rica em proteína esta refeição do meio-dia, é uma ótima maneira de obter 1/3 da quantidade diária de fibras necessária. Embora tenha nutrientes suficientes para ser uma refeição autônoma, ela também pode ser servida sobre uma camada de arroz integral.

Ingredientes (2 porções):
250g de carne picada
200g de feijão cozido batido
75ml de caldo de carne
½ cebola, em cubos
½ pimenta vermelha, em cubos
1 colher de chá de pimenta chipotle em pasta
1 colher de chá de azeite de oliva
½ colher de chá de pimenta em pó
1 xícara de arroz integral, cozido (opcional)
folhas de coentro, para servir

T. de preparo: 5m
T. de cozimento: 45m

Preparo:
Aqueça o azeite em uma frigideira antiaderente em fogo médio, em seguida, frite a cebola e pimenta vermelha até ficar macia. Aumente o fogo, adicione a pimenta em pó e

cozinhe por 2 minutos antes de adicionar a carne picada. Cozinhe até dourar e todo o líquido ter evaporado.

Adicione a pasta de pimenta chipotle, o caldo de carne e o feijão. Cozinhe em fogo baixo por 20m, em seguida, tempere e salpique com folhas de coentro e sirva com o arroz cozido.

Valor nutricional/porção (sem arroz): 402kcal, 34g proteína, 19g carboidratos (5g fibra, 10g açúcar), 14g gordura (5g saturada), 29% ferro, 15% magnésio, 42% vitamina C, 11% vitamina B1, 16 % vitamina B2, 34% vitamina B3, 40% vitamina B6, 18% vitamina B9, 52% vitamina B12.

½ xícara de arroz: 108kcal

29. Carne e Macarrão com Brócolis

Um conveniente e saboroso prato, a carne, o brócolis e o macarrão levam apenas 20 minutos para preparar, tornando-se uma ótima opção para um dia agitado. Você pode servir com algumas fatias de pimentão vermelho como tempero extra.

Ingredientes (2 porções):
2 xícaras de macarrão de ovo
200g de tiras de carne bovina refogadas
1 cebolinha, cortada
½ cabeça pequena de brócolis
1 colher de chá de óleo de gergelim
Para o molho:
1 ½ colheres de sopa de molho de soja c/ baixo teor de sal
1 colher de chá de ketchup
1 dente de alho esmagado
1 colher de sopa de molho de ostra
¼ botão de gengibre, ralado
1 colher de chá de vinagre de vinho branco

T. de preparo: 10m
T. de cozimento: 10m

Preparo:

Misture os ingredientes para o molho. Ferva o macarrão de acordo com as instruções do pacote. Acrescente o brócolis quando estiver quase pronto. Deixe por alguns minutos, em seguida, escorra o macarrão e o brócolis.

Aqueça o óleo em uma panela Wok até ficar bem quente, em seguida, frite a carne por 2-3m até dourar. Coloque o molho, mexa e deixe ferver por alguns instantes, em seguida, desligue o fogo.

Mescle a carne com o macarrão, salpicando a cebolinha e sirva imediatamente.

Valor nutricional/porção: 352kcal, 33g proteína, 39g carboidratos (5g fibra, 5g açúcar), 9g gordura (2g saturada), 20% ferro, 20% magnésio, 20% vitamina A, 224% vitamina C, 214% vitamina K, 14% vitamina B1, 19% vitamina B2, 43% vitamina B3, 18% vitamina B5, 50% vitamina B6, 31% vitamina B9, 23% vitamina B12.

30. Enroladinho de Pollock com batatas

Este prato leve, fresco e saboroso fornece uma grande quantidade de energia e é rico em proteínas, tornando-se uma opção ideal para uma refeição ao meio-dia. O Pollock pode ser substituído por outro peixe branco sustentável, enquanto as azeitonas podem ser substituídas por tomates secos.

Ingredientes (2 porções):
2*140g de filés de Pollock
4 fatias de bacon
300g batatas novas
100g de vagem
30g azeitonas pretas
Suco e as raspas de 1 limão
2 colheres de sopa de azeite de oliva
Ramos de estragão, folhas escolhidas

T. de preparo: 10m
T. de cozimento 15 min

Preparo:
Aqueça o forno a gás a 200ºC. Ferva as batatas por 10-12m até ficarem macias e adicione a vagem nos 2-3 minutos finais. Escorra bem, corte as batatas ao meio e lance em

uma assadeira. Misture com as azeitonas, as raspas de limão e o óleo e tempere bem.

Tempere o peixe e enrole com o bacon, em seguida, coloque-o em cima das batatas. Asse por 10-12m até estar cozido, em seguida, adicione o suco de limão, salpique com o estragão e sirva.

Valor nutricional/porção: 525kcal, 46g proteína, 36g carboidratos (5g fibra, 3g açúcar),31g gordura (8g saturada), 10% ferro, 31% magnésio, 63% vitamina C, 18% vitamina K, 15% vitamina B1, 13% vitamina B2, 14% vitamina B3, 25% vitamina B6, 73% vitamina B12.

JANTAR

31. Tigela de Sushi

Uma tigela sushi de baixa caloria que substitui o arroz pela couve-flor aromatizada com alho, e molho de soja e suco de limão para um sabor extra. Use as folhas de algas para embrulhar os legumes e o salmão e fazer um mini-rolo.

Ingredientes (2 porções):
170g de salmão defumado
1 Abacate médio
½ cabeça de couve-flor, cozida e picada
1/3 xícara de cenoura, picada
½ colher de chá de pimenta caiena
1,2 colher de chá de alho em pó
1 colher de sopa de molho de soja c/ baixo teor de sódio
2 folhas de algas
Suco de ½ limão

T. de preparo: 10m
Não cozido

Preparo:
Em um processador de alimentos coloque: a couve-flor, a cenoura, o molho de soja, o alho, o suco de limão e a pimenta caiena. Pare de misturar antes que a mistura se

transforme em uma pasta. Sirva acompanhado com o salmão e as folhas alga.

Valor nutricional/porção: 272kcal, 20g proteína, 13g carboidratos(7g fibra,4g açúcar), 16g gordura (1g saturada), 10% ferro, 14% magnésio, 73% vitamina A, 88% vitamina C, 13% vitamina E, 40% vitamina K, 18% vitamina B1, 15% vitamina B2,31% vitamina B3, 21% vitamina B5, 31% vitamina B6, 26% vitamina B9, 45% vitamina B12.

32. Frango Agridoce

O frango agridoce é uma receita simples e deliciosa, que tem lugar em toda cozinha qualificada. Ele é rico em proteínas e vitaminas e vai bem com talos de brócolis cozidos no vapor.

Ingredientes (2 porções):
300g de peito de frango cortados em pedaços médios
1 colher de chá de alho
¼ xícara de caldo de galinha c/ baixo teor de sódio
¼ xícara de vinagre branco
¼ adoçante sem calorias
¼ colher de chá de pimenta preta
1 colher de chá de molho de soja c/ baixo teor de sódio
3 colheres de chá de ketchup c/ baixo teor de açúcar
Fécula de araruta
400g talos de brócolis cozidos no vapor

T. de preparo: 10m
T. de cozimento 15m

Preparo:
Coloque o frango em uma tigela grande e tempere com alho, pimenta e sal, virando para a total cobertura. Cozinhe o frango sobre fogo médio/alto até que fique ponto.

Enquanto isso, misture o caldo de galinha, adoçante, vinagre, ketchup e molho de soja em uma panela; leve a mistura ao fogo até ferver e baixe a temperatura. Adicione a fécula de araruta um pouco de cada vez e bata rapidamente. Mexa durante alguns minutos.

Despeje o molho sobre o frango cozido e sirva ao lado do brócolis cozido no vapor.

Valor nutricional/porção: 250kcal, 40g proteína, 14g carboidratos (6g fibra, 4g açúcar), 2g gordura, 11% cálcio, 14% ferro, 20% magnésio, 24% vitamina A, 303% vitamina C, 254% vitamina K, 17% vitamina B1, 21% vitamina B2, 90% vitamina B3, 24% vitamina B5, 58% vitamina B6, 33% vitamina B9.

33. Alho Hummus

Você só precisa de 5 minutos para fazer esta saudável e deliciosa refeição. Ela é rica em magnésio e tem uma boa quantidade de proteína considerando que a receita não contém carne. Pegue uma tortilha de trigo integral e faça esta refeição acontecer.

Ingredientes (3 porções):
1 * 400g de grão de bico enlatado (guarde 1/4 do líquido)
¼ xícara de pasta gergelim
¼ xícara de suco de limão
1 dente de alho
1 colher de sopa de azeite de oliva
¼ colher de chá de gengibre em pó
¼ colher de chá de cominho em pó
2 cebolinhas, picadas
1 tomate, picado

T. de preparo: 5m
Não cozido
Preparo:
Coloque o grão de bico, pasta de gergelim, suco de limão, azeite, alho, cominho e gengibre em um processador de alimentos e bata até ficar homogêneo.
Junte o tomate e a cebolinha e tempere com sal e pimenta. Sirva ao lado de fatias de pimentão.

Valor nutricional/porção: 324kcal, 11g proteína, 21g carboidratos (7g fibras, 1g açúcar), 17g gordura (2g saturada), 22% cálcio, 54% ferro, 135% magnésio, 10% vitamina A, 12% vitamina C, 33% vitamina K, 122% vitamina B1, 12% vitamina B2, 44% vitamina B3, 11% vitamina B5, 12% vitamina B6, 40% vitamina B9.

34. Frango com Abacaxi e Pimentão

Faça uma pausa nas receitas de frango habituais e tente esta versão com abacaxi fresco. Rica em vitamina B3 e proteína, esta refeição é também uma importante fonte de carboidratos. Em tom de mudança de ritmo, você pode substituir o arroz por quinoa.

Ingredientes (1 porção):
140g de peito de frango sem osso
1 colher de sopa de mostarda
½ xícara de abacaxi fresco em cubos
½ xícara de pimentão, em cubos
50g de arroz integral
Spray de óleo de coco
1 colher de chá de cominho
sal e pimenta

T. de preparo: 5m
T. de cozimento: 15m

Preparo:
Corte o frango em pedaços pequenos, em seguida, esfregue a mostarda sobre as peças e tempere com sal, pimenta e cominho.
Coloque uma frigideira em fogo médio e borrife levemente com óleo de coco, acrescente o frango e doure dos dois

lados. Quando o frango estiver quase pronto, aumente o calor e atire os pedaços de abacaxi e pimentões; cozinhe e se certifique de que todos os lados estejam marrom. Isso deve demorar 3-5m.

Cozinhe o arroz integral e sirva ao lado do frango.

Valor nutricional/porção: 377kcal, 37g proteína, 50g carboidratos (6g açúcar, 10gfibra), 1g gordura, 12% ferro, 33% magnésio, 168% vitamina C, 26% vitamina B1, 13% vitamina B2, 96% vitamina B3, 22% vitamina B5, 65% vitamina B6, 10% vitamina B9.

35. Bacia de Proteína Estilo Mexicano

Dê a si mesmo uma pausa para a carne e jogue estes ingredientes juntos como uma alternativa saborosa para o habitual. Você pode pular a gordura frita e as calorias insalubres e ainda obter o sabor de uma refeição mexicana.

Ingredientes:
1/3 xícara de feijão preto cozido
½ xícara de arroz integral cozido
2 colheres de sopa de salsa
¼ de abacate, cortado

T. de preparo: 5m
Não cozido

Preparo:
Misture todos os ingredientes em uma tigela e sirva.
Valor nutricional/porção: 307kcal, 11g proteína, 48g carboidratos (11g fibras, 1g açúcar) 7g gordura (1g açúcar), 26% magnésio, 13% vitamina K, 16% vitamina B1, 11% vitamina B3, 17% vitamina B6, 30% vitamina B9.

36. Rúcula com Salada de frango

As folhas de rúcula adicionam satisfação a esta salada doce e super saudável. Abundante em vegetais e fonte de proteína de alta qualidade, esta refeição pode ser enriquecida com um simples molho de iogurte de baixo teor de gordura e alho.

Ingredientes (1 porção):
120g de peito de frango
5 cenouras bebê, picadas
¼ repolho vermelho picado
½ xícara de rúcula
1 colher de sopa de sementes de girassol
1 colher de chá de azeite

T. de preparo: 10m
T. de cozimento: 10m

Preparo:
Corte o frango em cubos pequenos. Aqueça o azeite em uma panela antiaderente e frite o frango até que esteja cozido. Retire e deixe esfriar.
Coloque a cenoura, a rúcula e o repolho em uma tigela grande. Quando o frango estiver frio junte-o à salada, salpique tudo com as sementes de girassol e sirva.

Valor nutricional/porção: 311kcal, 30g proteína, 96g carboidratos (1g fibra), 13g gordura (1g saturada), 11% ferro, 22% magnésio, 150% vitamina A, 25% vitamina C, 29% vitamina E, 32% vitamina K, 23% vitamina B1, 10% vitamina B2, 72% vitamina B3, 11% vitamina B5, 49% vitamina B6, 17% vitamina B9.

37. Alabote com Mostarda Dijon

Esta refeição de alabote picante é uma maneira fácil e rápida de obter uma dose saudável de proteína. É pobre em carboidratos e rica em vitaminas, tornando-se uma escolha perfeita para o jantar. A baixa contagem de calorias lhe permite dobrar o molho, se você estiver se sentindo indulgente.

Ingredientes (2 porções):
220g alabote
¼ de cebola, cortada em cubos
1 pimentão vermelho picado
1 dente de alho
1 colher de sopa de mostarda Dijon
1 colher de chá de molho inglês
1 colher de chá de azeite
suco de 1 limão
um ramo de salsa
2 cenouras grandes cortadas em palitos
1 xícara de brócolis
1 xícara de cogumelos, cortados

T. de preparo: 10m
T. de cozimento: 20m

Preparo:

Coloque o pimentão vermelho, alho, salsa, mostarda, molho de cebola Worcestershire, suco de limão e o azeite em um processador de alimentos.

Coloque o peixe, o molho e o resto dos vegetais em um grande saco para cozimento. Asse em forno a gás a 190ºC por 20m, em seguida, sirva.

Valor nutricional/porção: 225kcal, proteína 33g, 12g carboidratos (3g fibra,5g açúcar), 5g gordura (1g saturada), 11% cálcio, 10% ferro, 35% magnésio, 180% vitamina A, 77% vitamina C, 71 % vitamina K, 13% vitamina B1, 19% vitamina B2, , 51% vitamina B3, 14% vitamina B5, 34% vitamina B6, 15%vitamina B9, 25% vitamina B12.

38. Bandeja de frango assado

Rápido, fácil e saboroso, este prato deve ser essencial de verão em sua cozinha, uma vez que não há falta de tomate cereja fresco. O molho pesto adiciona um sabor refrescante ao peito de frango com tempero simples.

Ingredientes (2 porções):
300g de peito de frango
300g de tomate cereja
2 colheres de sopa de molho pesto
1 colher de sopa de azeite
Sal, pimenta

T. de preparo: 5m
T. de cozimento: 15m

Preparo:
Coloque o peito de frango em uma assadeira, tempere, regue com o azeite e grelhe por 10m. Adicione os tomates cereja e grelhe por mais 5m, até que o frango esteja cozido. Espalhe o molho pesto por cima e sirva ao lado dos tomates cereja.

Valor nutricional/porção: 312kcal, 36g proteína, 7g carboidratos(2g fibra, 5g açúcar), 19g gordura (4g saturada), 15% magnésio, 25% vitamina A, 34% vitamina C,

11% vitamina E, 20% vitamina K , 10% vitamina B1, 88% vitamina B3, 13% vitamina B5, 33% vitamina B6.

39. Hambúrguer de Tofu

O tofu contém todos os aminoácidos essenciais, o que o torna um substituto perfeito para a carne. As cebolas caramelizadas com flocos de pimenta e o molho de pimenta Sriracha emparelhado com o tofu infundido na marinhada teriyaki irão deliciar o seu paladar.

Ingredientes (1 porção):
85g Tofu (extra firme)
1 colher de sopa de marinada teriyaki
1 colher de sopa de Sriracha
1 folha de alface
30g de cenoura, picada
¼ de cebola roxa, cortada
½ colher de chá de flocos de pimenta vermelha
1 rolo médio de pão integral

T. de preparo: 5m
T. de cozimento: 10m

Preparo:
Aqueça o grill.
Marine o tofu no molho teriyaki, flocos de pimenta vermelho e molho de pimenta Sriracha; em seguida, grelhe por 3-5m de cada lado.

Frite a cebola vermelha em uma panela antiaderente até caramelizar.

Corte o rolo pela metade até que você possa abri-lo como um livro. Encha o rolo com o tofu grelhado, cebola caramelizada, cenoura e alface e sirva.

Valor nutricional/porção: 194kcal, 11g proteína, 28g carboidratos (5g fibra,8g açúcar), 5g gordura (1g saturada), 21% cálcio, 14% ferro, 19% magnésio, 95% vitamina A, 10% vitamina B1, 14% vitamina B6.

40. Bacalhau Quente

Rico em proteínas e gorduras saudáveis e pobre em carboidratos, esse bacalhau super-picante vai dar uma sacudida no resto do seu dia. Sirva-o com um pouco de arroz integral, se você precisa de um carburador para impulsionar um treino à niote, e adicionar mais 2 pimentas se você acha que aguenta mais tempero.

Ingredientes (2 porções):
340g de bacalhau branco
10 tomates cereja, cortados ao meio
2 pimentas jalapeno, cortadas
2 colheres de sopa de azeite de oliva
sal marinho
Pimenta em pó

T. de preparo: 5m
T. de cozimento: 10m

Preparo:
Aqueça o óleo em uma panela antiaderente. Tempere o bacalhau com sal e pimenta em pó, adicione à panela e cozinhe por 10m em fogo médio. Lance as pimentas 1-2m antes que o peixe esteja cozido.
Sirva com tomates cereja.

Valor nutricional/porção: 279kcal, 30g proteína, 6g carboidratos (1g fibra, 1g açúcar), 16g gordura (2g saturada), 11% magnésio, 17% vitamina A, 38% vitamina C, 26% vitamina E, 33% vitamina K, 24% vitamina B3, 43% vitamina B6, 26% vitamina B12.

41. Cogumelos Grelhados e Hambúrguer de abobrinha

Os cogumelos Portobello tem uma textura grossa e carnuda que os torna um favorito entre os vegetarianos e amantes de carne. Delicie-se com um hambúrguer natural e obtenha uma carga de minerais e vitaminas a um custo mínimo de calorias.

Ingredientes (1 porção):
1 medida de cogumelo Portabello
¼ abobrinha pequena, cortada
1 colher de chá de pimentões tostados
1 fatia de queijo magro
4 folhas de espinafre
azeite spray
1 rolo médio de pão integral

T. de preparo: 5m
T. de cozimento: 5m

Preparo:
Aqueça o grill. Pulverize a medida de cogumelos com azeite e grelhe tanto os cogumelos quanto as fatias de abobrinha. Cortar o rolo ao meio, horizontalmente, em seguida, coloque os ingredientes em camadas sobre uma metade e cubra com a outra. Sirva imediatamente.

Valor nutricional/porção: 185kcal, 12g proteína, 24g carboidratos (4g fibra, 5g açúcar), 4g gordura (1g saturada), 21% cálcio, 17% ferro, 20% magnésio, 78% vitamina A, 28% vitamina C, 242 % vitamina K, 15% vitamina B1, 37% vitamina B2, 26% vitamina B3, 16% vitamina B5, 16% vitamina B6, 31% vitamina B9.

42. Peixe Mediterrâneo

Que melhor maneira de chegar à sua exigência diária de B12 do que com um prato explodindo de sabores mediterrânicos? O resto das vitaminas e minerais também estão bem representados aqui, e a contagem de proteína está em uma boa quantidade para uma ceia leve.

Ingredientes (2 porções):
200g de truta fresca
2 tomates médios
3 colheres de chá de alcaparras
½ pimentão vermelho picado
1 dente de alho picado
10 azeitonas verdes, cortadas
¼ cebola picada
½ xícara de espinafre
1 colher de sopa de azeite
sal e pimenta

T. de preparo: 10m
T. de cozimento: 15m

Preparo:
Aqueça uma panela grande em fogo médio; adicione os tomates inteiros, alho e azeite. Cubra e deixe ferver por alguns minutos até que os tomates comecem a amolecer.

Adicione a cebola, pimentão, azeitonas, alcaparras, sal e a pimenta (e um pouco de água se necessário). Cubra e deixe ferver até que os tomates se rompam e o pimentão e a cebola fiquem macios.

Adicione a truta, cubra e cozinhe por 5-7m.

Adicione o espinafre no último minuto, em seguida, sirva.

Valor nutricional/porção: 305kcal, 24g proteína, 7g carboidratos(1g fibra, 4g açúcar), 11g gordura (3g saturada), 10% cálcio, 12% magnésio, 36% vitamina A, 56% vitamina C, 62% vitamina K, 13% vitamina B1, 33% vitamina B3, 12% vitamina B5, 25% vitamina B6, 15% vitamina B9, 105% vitamina B12.

43. Jantar Vegano Amigável

Uma refeição vegana amigável com uma boa quantidade de proteínas e vitaminas. Dê a seu paladar o sabor que ele merece, com este saboroso molho doce e picante e uma boa quantidade de recheio de tofu, muito fácil de fazer.

Ingredientes (2 porções):
340g de tofu
¼ xícara de molho de soja
¼ xícara de açúcar mascavo
2 colheres de chá de óleo de gergelim
1 colher de chá de azeite
1 colher de chá de flocos de pimenta
2 dentes de alho picados
1 colher de chá de gengibre fresco ralado
sal

T. de preparo: 5m
T. de cozimento: 15m

Preparo:
Misture o açúcar mascavo, molho de soja, óleo de gergelim, gengibre, flocos de pimenta e o sal em uma tigela e reserve.
Despeje o azeite em uma panela e aqueça em seguida, frite o tofu por cerca de 10 min.

Despeje o molho na panela e cozinhe por 3-5m. Sirva quando o molho engrossar e o tofu estiver pronto.

Valor nutricional/porção: 245kcal, 17g proteína, 15g carboidratos (1g fibra, 11g açúcar), 15g gordura (3g saturada), 34% cálcio, 19% ferro, 19% magnésio, 11% vitamina B2, 11% vitamina B6.

44. Atum Derretido

Diferentemente do que se pensa normalmente, que o atum derretido possui alto nível de carboidratos e de gorduras saturadas; A lata de atum tem uma quantidade moderada de carboidratos e traz um detonador de proteína, tornando-se uma excelente refeição que dá suporte ao crescimento muscular

Ingredientes (2 porções):
1 lata de atum (165g)
2 fatias de queijo mussarela c/baixo teor de gordura
2 colheres de chá de molho de tomate
1 muffin Inglês de trigo integral
uma pitada de orégano

T. de preparo: 5m
T. de cozimento: 3m

Preparo:
Pré-aqueça o forno a gás à 190ºC.
Corte o muffin Inglês e depois cubra cada metade com o molho de tomate. Coloque o atum em cima e polvilhe com o orégano e coloque uma fatia de queijo sobre o atum. Coloque-os no forno e asse por 2-3m ou até que o queijo derretida em seguida, divida em dois pratos e sirva.

Valor nutricional/porção: 255kcal, proteína 31g, 14g carboidratos (2g fibra, 2g açúcar), 6g gordura (4g saturada), 29% cálcio, 11% ferro, 13% magnésio, 10% vitamina B1, 10% vitamina B2, 60% vitamina B3, 23% vitamina B6, 52% vitamina B12.

45. Frango com Salada de Abacate

Uma refeição que fornece um grande equilíbrio de qualidade protéica e gorduras saudáveis que irão mantê-lo satisfeito sem exagerar frente aos carboidratos. Substitua o vinagre pelo suco de limão para uma sensação mais fresca.

Ingredientes (1 porção):
100g de peito de frango
1 colher de chá de páprica defumada
2 colheres de chá de azeite de oliva
Para a salada:
½ abacate médio, em cubos
1 tomate médio, picado
½ cebola roxa pequena, em fatias finas
1 colher de sopa de salsa, picada
1 colher de chá de vinagre de vinho tinto

T. de preparo: 10m
T. de cozimento: 10m

Preparo:
Aqueça a grelha em temperatura média. Esfregue o frango com 1 colher de chá de azeite de oliva e páprica. Cozinhe por 5 minutos de cada lado até que esteja cozido e levemente carbonizados. Corte o frango em fatias grossas.

Misture todos os ingredientes da salada, tempere, adicione o restante do azeite e sirva com o frango.

Valor nutricional/porção: 346kcal, proteína 26g, 14g carboidratos (6g 6g fibra,4g açúcar), 22g gordura (3g saturada), 16% magnésio, 22% vitamina, 44% vitamina C, 18% vitamina E, 38% vitamina K, 12% vitamina B1, 11% vitamina B2, 66% vitamina B3, 19% vitamina B5, 43% vitamina B6, 22% vitamina B9.

SNACKS

1. Tomates Cereja com Queijo Cottage

Corte 5 tomates cereja ao meio e cubra-os com 2 colheres de sopa de queijo de cabra misturado com salsinha fresca e uma pitada de sal.

Valor nutricional: 58kcal, 4g proteína, 10g carboidratos, 30% vitamina A, 40% vitamina C, 20% vitamina K, 10% vitamina B1, 10% vitamina B6, 10% vitamina B9.

2. Abacate na torrada

Torre um pequeno pedaço de pão de trigo integral, em seguida, cubra-o com 50g de abacate amassado e polvilhe com sal e pimenta.

Valor nutricional: 208kcal, 5g proteínas, 28g carboidratos (6g fibra, 2g açúcar), 9g gordura (1g saturada), 13% vitamina K, 13% vitamina B9.

3. Pimentão Com Queijo Cottage

Corte um pequeno pimentão ao meio, tire as sementes, recheie com 50g de queijo cottage misturado com o tempero que desejar.

Valor nutricional: 44kcal, 6g proteína, 3g carboidratos (3g açúcar, 49% vitamina C.

4. Bolo de Arroz com Manteiga de Amendoim

Espalhe 1 colher de sopa cremosa de manteiga de amendoim sobre um bolo de arroz.

Valor nutricional: 129kcal, 5g proteínas, 10g carboidratos (1g fibra, 1g açúcar), 8g gordura (1g saturada), 10% vitamina B3.

5. Talos de Aipo com Queijo de Cabra e Azeitonas Verdes

Cubra talos de aipo médio com 3 colheres de sopa de queijo de cabra e 3 azeitonas verdes fatiadas.

Valor nutricional: 102kcal, proteína 4g, 6g carboidratos (fibra 3G), 6g gordura (4 g saturada), 12% cálcio, 45% vitamina K, 18% vitamina A, 12% vitamina B9.

6. Iogurte com Amoras Secas

Misture 150g de iogurte com baixo teor de gordura com 10g de bagas de amoras.

Valor nutricional: 134kcal, 7g proteína, 19g carboidratos (1g fibra, 18% açúcar), 4g gordura (1g saturada), 27% cálcio, 24% ferro, 13% vitamina C, 19% vitamina B2, 13% vitamina B12.

7. Maçã com Manteiga de Amendoim

Fatie uma maçã pequena e espalhe 1 colher de sopa de creme de manteiga de amendoim sobre as peças.

Valor nutricional: 189kcal, 4g proteína, 28g carboidratos (5g fibra, 20g açúcar), 8g gordura (1g saturada), 14% vitamina C, 14% vitamina B3.

8. Iogurte Grego com Morangos.

Misture 150g de iogurte grego com 5 morangos médios cortados ao meio.

Valor nutricional: 150kcal, 11g proteína, 10g carboidratos (10g açúcar), 8g gordura (5g saturada), 10% cálcio, 60% vitamina C.

9. Mix de Nozes

Misture juntas: 10g de nozes, 10g de amêndoas e 30g de passas.

Valor nutricional: 217kcal, 4g proteína, 25g carboidratos (2g fibra,17g açúcar), 13g gordura (1g saturada), 10% magnésio.

10. Presunto e Talos de Aipo

Enrole 6 talos médios de aipo com 3 fatias de presunto e sirva com 1 colher de chá de grãos inteiros de mostarda.

Valor nutricional: 129kcal, 15g proteína, 6g carboidratos (6g fibra), 3g gordura, 12% cálcio, 24% vitamina A, 12% vitamina C, 90% vitamina K, 18% vitamina B1, 12% vitamina B2, 24% vitamina B3, 15% vitamina B6, 24% vitamina B9.

11. Iogurte com Frutas Tropicais

Adicione à 150g de Iogurte grego ½ xícara kiwi e ¼ xícara de manga picadas.

Valor nutricional: 210kcal, 12g proteína, 25g carboidratos (2g fibra, 19g açúcar), 8g gordura (5g saturada), 13% cálcio, 11% vitamina A, 155% vitamina C, 46% vitamina K.

12. Iogurte com Amoras Secas

Misture 150g de iogurte desnatado com ½ xícara de amoras.

Valor nutricional: 136kcal, 8g proteína, 21g carboidratos (2g fibra, 18g açúcar), 3g gordura (1g saturada), 27% cálcio, 13% vitamina C, 18% vitamina K, 21% vitamina B2, 13% vitamina B12.

13. Copo de pipoca

Valor nutricional: 31kcal, 1g proteína, 6g carboidratos (1g fibra).

14. Grãos de Bico Tostados

Valor nutricional 50g: 96kcal, 4g proteína, 13g carboidratos (4g fibras, 2g açúcar), 3g gordura.

CALENDÁRIO DE NUTRIÇÃO PARA QUEIMA DE GORDURA

Semana 1
Dia 1:
Frutas E Iogurte De Nozes
Sopa De Ovos Com Frango E Macarrão
Cogumelo Pilaf Com Limão
Dia 2:
Ovo E Café Da Manhã Vegetariano
Peru Frito
Berinjela Recheada
Dia 3:
Café Da Manhã Guacamole
Salmão Grelhado Esfregado Com Limão
Laranja, Nozes E Molho De Queijo Azul
Dia 4:
Shake Para Fitness
Frango Com Salada De Milho
Curry Vermelho Vegetariano
Dia 5:
Panquecas De Aveia Com Banana
Truta Suculenta
Abobrinhas Recheadas
Dia 6:
Atum Na Torrada
Bife De Alho

Salada De Frutas
Dia 7:
Bacon E Omelete De Brie Com Salada
Arroz Com Sopa De Tomate
Truta Defumada Com Beterraba, Salada De Erva-Doce E Maçã

Semana 2
Dia 1:
Shake De Bagas
Espaguete Com Atum E Brócolis
Trufas De Cogumelo
Dia 2:
Enrolado De Peru Com Cebolinha
Frango Com Cogumelos
Salada De Feijão E Arroz Mexicano
Dia 3:
Ovos Poché Com Salmão Defumado E Espinafre
Feijão Com Pimenta Chili
Vegetais Tailandeses Com Caldo De Leite De Coco
Dia 4:
Humus Com Pão Pita E Legumes
Peixe Grelhado Com Molho De Tomate Marroquino
Lentilha, Cenoura E Sopa De Laranja
Dia 5:
Mingau De Aveia Com Maçãs E Passas
Ensopado De Marisco Picante

Grão De Bico E Espinafre Curry
Dia 6:
Feta E Omelete De Tomates Semi-Secos
Espinafre E Frango Com Recheio De Tâmaras cenouras Assadas Cenouras Assadas Com Romã E Queijo De Cabra
Dia 7:
Frutas E Iogurte De Nozes
Camarão Com Curry
Salada De Feijão E Arroz Mexicano

Semana 3
Dia 1:
Bacon E Omelete De Brie Com Salada
Feijão Com Pimenta Chili
Truta Picante
Dia 2:
Shake Para Fitness
Bife Com Alho
Berinjela Recheada
Dia 3:
Café Da Manhã Guacamole
Peru Frito
Salada De Frutas
Dia 4:
Ovo E Café Da Manhã Vegetariano
Salmão Grelhado Esfregado Com Limão
Curry Vermelho Vegetariano

Dia 5:
Panquecas De Aveia Com Banana
Sopa De Ovos Com Frango E Macarrão
Truta Defumada Com Beterraba, Erva-Doce E Salada De Maçã
Dia 6:
Atum Com Torradas
Arroz Com Sopa De Tomate
Abobrinhas Recheadas
Dia 7:
Shake De Bagas
Frango Com Salada De Milho
Laranja, Nozes E Molho De Queijo Azul

Semana 4
Dia 1:
Mingau De Aveia Com Maçãs E Passas
Espaguete Com Atum E Brócolis
Lentilha, Cenoura E Sopa De Laranja
Dia 2:
Ovos Mexidos Com Salmão De Fumado E Espinafres
Frango Com Cogumelos
Grão De Bico E Espinafre Curry
Dia 3:
Enrolado De Peru Com Cebolinha
Ensopado De Marisco Picante
Cenouras Assadas Com Romã E Queijo De Cabra

Dia 4:
Feta E Omelete De Tomates Semi-Secos
Feijão Com Pimenta Chili
Salada De Frutas
Dia 5:
Humus Com Pão Pita E Legumes
Camarão Com Curry
Salada De Feijão E Arroz Mexicano
Dia 6:
Frutas E Iogurte De Nozes
Espinafre E Frango Com Recheio De Tâmaras
Vegetais Tailandeses Com Caldo De Leite De Coco
Dia 7:
Café Da Manhã Guacamole
Truta Picante
Berinjela Recheada

2 Dias Extras Para Um Mês Inteiro:
Dia 1:
Shake Para Fitness
Frango Com Salada De Milho
Laranja, Nozes E Molho De Queijo Azul
Dia 2:
Atum Com Torradas
Peru Frito
Curry Vermelho Vegetariano

RECEITAS DE REFEIÇÕES DE ALTA PERFORMANCE PARA QUEIMA DE GORDURA

CAFÉ DA MANHÃ

1. **Feta e Omelete de Tomates Semi-Secos**

Uma receita muito rápida, simples e pobre em calorias que irá deixar o seu dia, com o pontapé inicial que merece. Para uma pitada extra de sabor, use tomates que foram preservados em uma mistura de azeite e ervas italianas.

Ingredientes (1 porção):
2 ovos, ligeiramente batidos
25g de queijo feta, esfarelado
4 tomates semi-secos, picados grosseiramente
1 colher de chá de azeite
folhas de salada mista, para servir

T. de preparo: 5m
T. de cozimento: 5m

Preparo:
Aqueça o azeite em uma frigideira pequena, antiaderente, em seguida, adicione os ovos e frite, mexendo com uma

colher de pau. Quando os ovos estiverem um pouco moles no meio, adicione os tomates e a feta, em seguida, dobre o omelete ao meio. Cozinhe por 1 minuto, em seguida, deslize-o em um prato e sirva com uma mistura de salada de folhas.

Valor nutricional/porção: 300kcal, proteína 18g, 20g gordura (7 saturada), 5g carboidratos (fibra 1g, 4g açúcar), 1,8g sal, 15% cálcio, 22% vitamina D, 20% vitamina A, 15% vitamina C, 25% vitamina B12.

2. Mingau de Aveia com maçãs e passas

Este alimento quente para o café da manhã é rico em cálcio, de fácil absorção para o estômago e perfeito como uma refeição pré-treino, devido ao seu alto teor de carboidratos. Polvilhe com um pouco de canela para uma fragrância amadeirada e doce.

Ingredientes (2 porções):
50g de aveia
250ml de leite desnatado
2 maçãs descascadas e cortadas em cubos
50g de passas
½ colher de sopa de mel

T. de preparo: 5m
T. de cozimento: 10m

Preparo:
Leve o leite para ferver em uma panela em fogo médio e mexa com a aveia por 3m. Quando a mistura ficar cremosa, adicione as maçãs e as passas e deixe ferver por outros 2m. Ponha a mistura em duas taças, adicione o mel e sirva imediatamente.
Valor nutricional/porção: 256kcal, 9g proteína, 2g gordura (1g saturada), 47g carboidratos (4g fibras, 34g açúcar), 17% cálcio, 11% ferro, 17% magnésio.

3. Humus com Pão Pita e Legumes

Este é um café da manhã simples e nutritivo, que você pode montar rapidamente na parte da manhã e embalar para o trabalho. O hummus fica na geladeira e os legumes podem rechear o pão pita, fazendo um sanduíche fácil de levar.

Ingredientes (2 porções):
1 200g de grão de bico, drenado
1 dente de alho amassado
25g de gergelim
¼ colher de chá de cominho
Suco de ¼ de limão
Sal, pimenta
3 colheres de sopa de água
2 pães pita de trigo
200g de mix de legumes (cenoura, aipo, pepino)

T. de preparo: 15m
Não cozido

Preparo:
Combinar grão de bico, alho, tahini, cominho, suco de limão, sal, pimenta e água em um processador de alimentos e pulsar várias vezes até que a mistura fique cremosa.

Sirva com o pão pita torrado e o mix de legumes.

Valor nutricional/porção: 239kcal, 9g proteína, 9g gordura (1g saturada), 28g carboidratos (6g fibra, 4g açúcar), 1,1g sal, 27% ferro, 23% magnésio, 14% vitamina B1.

4. Enrolado de Peru com Cebolinha

Que melhor maneira de aproveitar os pedações restantes do peru, do que fazer um rápido e delicioso sanduíche de tortilha? Rico em proteínas, de baixo teor de gordura saturada e aromatizado com o sabor picante de manjericão, para que você dê a si mesmo este cuidado

Ingredientes (2 porções):
130g de peru (cozido ou assado), picado
3 cebolinhas, desfiadas
1 pedaço de pepino, desfiado
2 folhas de alface crespa
1 colher de sopa de maionese light
1 colher de sopa de molho pesto
2 tortilhas de farinha de trigo integral

T. de preparo: 5m
Não cozido

Preparo:
Misture o molho pesto e a maionese. Divida o peru, a cebolinha, o pepino e a folhas alface entre as duas tortilhas. Regue com o molho pesto e sirva.
Valor nutricional/porção: 267kcal, 24g proteína, 9g gordura (2g saturada), 25g carboidratos (2g fibra, 3g açúcar), 1,6 g sal, 34% vitamina B3, 27% vitamina B6.

5. Shake de Bagas

Que melhor maneira de obter a metade de um dia inteiro de cálcio que com esta cremosa refeição à base de iogurte? Adicione algumas fibras para torná-la ainda mais nutricional, salvando a metade das bagas do liquidificador e lançando sobre o shake enquanto é feito.

Ingredientes (2 porções):

450g de bagas congeladas
450g de iogurte magro
100ml de leite com pouca gordura
25g de mingau de aveia
1 colher de chá de mel (opcional)

T. de preparo: 10m
Não cozido

Preparo:
Bata as bagas com iogurte e leite em um liquidificador até ficar homogêneo. Em seguida, adicione e misture o mingau de aveia e despeje em 2 copos. Sirva com um pouco de mel.
Valor nutricional/porção: 234kcal, 16g proteína, 2g gordura (2g saturada), 36g carboidratos (14g açúcar), 45% cálcio, 11% magnésio, 18% vitamina B2, 21% vitamina B12.

6. Ovos Poché com Salmão Defumado e Espinafre

Um recheado, café da manhã de alta proteína que irá dar ao seu dia um início muito gratificante. Você não terá nenhum problema em atender a sua necessidade diária de vitamina A, e o seu coração vai agradecer pela quantidade saudável de ômega-3 e ácidos graxos.

Ingredientes (1 porção):
2 ovos
100g de espinafre picado
50g de salmão defumado
1 colher de sopa de vinagre branco
Um pouco de manteiga
1 pedaço de pão integral tostado

T. de preparo: 5m
T. de cozimento: 20m

Preparo:
Aqueça uma frigideira antiaderente, adicione o espinafre e mexa por 2m.
A fim de escalfar os ovos, ponha em uma panela de água no ponto de ebulição, adicione o vinagre e, em seguida, abaixe o fogo para que continue fervendo. Misture a água até que você tenha uma pequena banheira de hidromassagem, em seguida deslize os ovos um a um.

Cozinhe cada um por cerca de 4 minutos e depois retire o ovo com uma escumadeira.

Passe manteiga em um pedaço de torrada, em seguida, coloque sobre ela o espinafre, o salmão defumado e os ovos. Tempere a gosto e sirva.

Valor nutricional/porção: 349kcal, proteína 31g, 19g gordura (6g saturada), 13g carboidratos (4g fibras, 2g açúcar), 3,6g sal, 23% ferro, 23% magnésio, 197% vitamina A, 46% vitamina C, 21 % vitamina D, 15% vitamina B6, 18% vitamina B12.

7. Bacon e Omelete de Brie com salada

Um saboroso omelete para aqueles que preferem começar o dia com um recheio saudável de ovos e proteína. Corte o omelete em fatias para parecer uma fritada e saboreie com uma salada em vez de pão, para cortar as calorias.

Ingredientes (2 porções):
3 ovos, ligeiramente batidos
100g de bacon defumado
50g de queijo brie, cortado
Um punhado de cebolinha picada
1 colher de sopa de azeite
½ colher de chá de vinagre de vinho tinto
½ colher de chá de mostarda Dijon
½ pepino, cortados ao meio e sem sementes
100g rabanetes, esquartejado

T. de preparo: 5m
T. de cozimento 15m

Preparo:
Aqueça 1 colher de chá de azeite em uma pequena panela, adicione o bacon e frite até ficar crocante, em seguida, tire da panela e deixe escorrer em papel de cozinha.

Aqueça 1 colher de chá de azeite em uma frigideira antiaderente, em seguida, misture o bacon, os ovos e um pouco de pimenta. Despeje na frigideira e cozinhe em fogo baixo até que esteja quase pronto, em seguida, adicione o queijo Brie e gratine até tudo fique dourado.

Em uma tigela misture o restante do azeite, o vinagre, os rabanetes e o pepino e tempere com mostarda. Sirva ao lado do omelete.

Valor nutricional/porção: 395kcal, 25g proteína, 31g gordura (12g saturada), 3g carboidratos (2g fibra, 3g açúcar), 2,2g sal, 10% vitamina A, 13% vitamina C, 15% vitamina D, 13% vitamina B12 .

8. Shake para Fitness

Um shake vegano livre de produtos lácteos, com suco de romã que irá energizá-lo para o trabalho ou sustentar o seu treino. Você pode adicionar uma colher de sopa de linhaça moída para mais 2g fibra, baixando o custo de 37kcal extra.

Ingredientes (1 porção):
125ml de leite de soja
150ml de suco de romã
30g de tofu
1 banana grande, em pedaços
1 colher de chá de mel
1 colher de sopa de amêndoa
2 cubos de gelo

T. de preparo: 5m
Não cozido

Preparo:
Bata o leite de soja e o suco de romã com dois cubos de gelo até que o gelo foi quebrado.
Adicione banana, mel e tofu e bata até ficar homogêneo, em seguida, despeje a mistura em um copo e polvilhe-a com as amêndoas em lâminas.

Valor nutricional/porção: 366kcal, 10g proteína, 12g gordura (1g saturada), 55g carboidratos (4g fibras, 50g açúcar), 13% cálcio, 11% ferro, 15% magnésio, 14% vitamina C, 25% vitamina B6.

9. Atum com Torradas

Uma receita muito rápida, de baixa caloria, que proporciona uma elevada quantidade de B12, para proteção dos neurônios. Se você quiser um impulso de energia, espalhe a pasta em um pedaço de pão de trigo integral com cerca de 120kcal por peça e sirva com pimentão.

Ingredientes (4 porções):
2 latas de atum em água (185g), metade drenada
3 ovos bem cozidos
5 picles pequenos, em cubos
Sal, pimenta
4 pimentões, sem sementes, ao meio

T. de preparo: 5m
T. de cozimento: 10m

Preparo:
Combine o atum, ovos, cebolinha, picles e temperos em um processador e misture até ficar homogêneo.
Encha as metades dos pimentões com a composição e sirva.
Valor nutricional/porção: 240kcal, 23g proteína, 8g gordura (2g saturada), 4g carboidratos (1g fibra, 2g açúcar), 14% magnésio, 47% vitamina A, 28% vitamina B6, 142% vitamina B12.

10. Panquecas de Aveia com Banana

Aproveite esta versão mais saudável de panquecas que substitui a farinha simples, por aveia em flocos. A banana substitui sutilmente o açúcar, mas você também pode espalhar 1 colher de chá de mel (23kcal por colher de chá) se você se sentir bem como ele.

Ingredientes (8 panquecas):
50g de aveia em flocos
4 ovos, ligeiramente batidos
2 bananas, em pedaços
½ colher de chá de canela
1 colher de chá de azeite para cada panqueca

T. de preparo: 5m
T. de cozimento: 30m

Preparo:
Misture todos os ingredientes em um processador. Aqueça uma frigideira antiaderente, adicione uma colher de chá de óleo e lance ¼ xícara da mistura na panela. Cozinhe cada lado até que a panqueca doure.
Valor nutricional por panqueca: 135kcal, 4g proteína, 13g gordura (3g saturada), 10g carboidratos (1g fibra, 3g açúcar).

11. Café da manhã Guacamole

Você não pode dispensar uma refeição que contenha abacate. Ricos em gorduras e fibras saudáveis, com uma textura suave e um sabor ricamente reforçado por um pouco de suco de limão; este café da manhã guacamole vai energizar você até o almoço.

Ingredientes (2 porções):
1 abacate maduro
1 tomate grande, picado
1 cebolinha bem picada
1 dente de alho esmagado
suco de ½ limão
Sal
Pimenta preta moída
2 fatias de pão integral torrado

T. de preparo: 5m
Não cozido

Preparo:
Corte o abacate ao meio, no sentido do comprimento, em seguida, retire a polpa com uma colher e coloque-a em uma tigela grande. Amasse-a com um garfo. Despeje o suco de limão sobre ela e adicione o tomate picado, a cebolinha e o alho. Tempere com sal e bastante pimenta preta, e

mexa. Espalhe em um pedaço de pão e sirva imediatamente.

Valor nutricional/porção: 280kcal, 9g proteína, 13g gordura (2g saturada), 30g carboidratos (9g fibra, 5g açúcar), 10% ferro, 17% magnésio, 14% vitamina A, 29% vitamina C, 17% vitamina B6.

12. Ovo e Café da Manhã Vegetariano

Um café da manhã inventivo e fácil de fazer, que cozinha o ovo em vez de fritá-lo, poupando-lhe uma quantidade substancial de gorduras saturadas. Os ovos trazem saciedade, enquanto que os vegetais são não só saborosos, mas também carregados de vitamina A e C.

Ingredientes (1 porção):
2 cogumelos de campo, grandes
2 tomates médios, ao meio
100g de espinafre
2 ovos
1 dente de alho em fatias finas
1 colher de chá de azeite

T. de preparo: 5m
T. de cozimento: 30m

Preparo:
Aqueça o forno a gás a 200ºC. Coloque os tomates e os cogumelos em um refratário. Adicione o alho, regue com azeite e temperos, e em seguida, leve ao forno por 10m. Coloque o espinafre em uma panela grande, despeje sobre ele uma chaleira de água fervente para murchá-lo. Esprema o excesso de água e, em seguida, coloque-o no prato. Abra um pequeno espaço entre os legumes e quebre

os ovos no prato. Leve ao forno por mais 10 minutos até que os ovos fiquem prontos.

Valor nutricional/porção: 254kcal, 18g proteína, 16g gordura (4g saturada), 16g carboidratos (6g fibra , 106g açúcar), 31% ferro, 17% cálcio, 29% magnésio, 238% vitamina A, 11% vitamina D, 102 vitamina C, 18% vitamina B1, 51% vitamina B2, 20% vitamina B3, 29% vitamina B6, 22% vitamina B12.

13. Frutas e Iogurte de Nozes

Uma ótima alternativa para os cereais; este café da manhã rico em carboidratos vai mantê-lo cheio até o almoço e fornecer a energia que você precisa para começar a lidar com suas tarefas. O mix de nozes oferece uma quantidade substancial de gorduras saudáveis, enquanto que o iogurte faz você obter metade de um dia inteiro de cálcio.

Ingredientes (1 porção):
1 banana média, cortada
100g de amoras (frescos ou congelados e descongeladas)
20g de nozes
20g de avelãs
10g de passas
200g de iogurte sem gordura

T. de preparo: 5m
Não cozido

Preparo:
Misture as frutas com as nozes, coloque em uma tigela com iogurte e sirva.
Valor nutricional/porção: 450kcal, 13g proteína, 25g gordura (2g saturada), 54g carboidratos (9g fibra, 32g

açúcar), 44% cálcio, 16% magnésio, 30% vitamina C, 36% vitamina B6.

ALMOÇO

14. Sopa de Ovos com frango e macarrão

Um prato rápido e fácil de fazer, perfeito para uma refeição do meio-dia. O macarrão contém energia suficiente para impulsionar os carboidratos que sustentarão você durante todo o dia, enquanto que a carne é carregada com vitamina B.

Ingredientes (2 porções):
1 peito de frango desossado e sem pele, em cubos
1 ovo batido
0.6L de sopa de galinha
1 cebolinha bem picada
70g de macarrão de trigo integral
70g milho doce congelado, ou milho bebê, dividido ao meio
Suco de limão
¼ colher de chá de vinagre de vinho sherry

T. de preparo: 10m
T. de cozimento: 15m

Preparo:
Coloque o frango e a sopa em uma panela grande e leve ao fogo por 5m. O macarrão deve ser preparado seguindo as instruções da embalagem.

Adicione o milho e deixe ferver por 2m. Mexa o caldo, e enquanto ele ainda estiver fervendo, segure um garfo sobre o prato e despeje os ovos sobre os dentes em um fluxo lento. Mexa novamente na mesma direção e, em seguida, tire-o do calor. Adicione o suco de limão e vinagre. Escorra o macarrão e divida em duas taças. Despeje o caldo, salpique a cebola picada e sirva.

Valor nutricional/porção: 273kcal, 26g proteína, 6g gordura (1g saturada), 30g carboidratos (3g fibra, 2g açúcar), 1g sal, 96% vitamina B3, 42% vitamina B6.

15. Frango com Salada de Milho

Esta galinha temperada com páprica, grelhada e servida com milho doce e fresco, alface crespa, e salada rápida, contribui para a saúde com grandes quantidades de vitamina B. A base de alho adorna a refeição já saborosa.

Ingredientes (2 porções):
2 peitos pequenos de frango sem pele
1 espiga de milho
2 pequenas cabeças de alface, cortadas
½ pepino, em cubos
1 dentes de alho amassado
1 colher de sopa de azeite
1 colher de chá de páprica
Suco da metade de um limão
Molho de salada (2 porções):
1 dente de alho esmagado
75ml de coalhada de leite
1 colher de sopa de vinagre branco

T. de preparo: 20m
T. de cozimento: 20m

Preparo:
Corte os peitos de frango ao meio no sentido do comprimento de modo que você fique com 4 pedaços de

frango. Misture o frango com a páprica, alho, azeite e 1 colher de chá de suco de limão com um pouco de tempero, e deixe marinar por pelo menos 20m.

Aqueça uma panela, adicione o óleo restante e cozinhe o frango por 3-4m de cada lado. Pincele a chapa com o restante do óleo e toste o milho por aproximadamente 5 m ou até que fique levemente carbonizado. Certifique-se de cozinhá-lo uniformemente. Retire o milho das espigas.

Misture os ingredientes para o molho. Misture o pepino e a alface, coloque o frango com o milho por cima e regue com o molho.

Valor nutricional/porção: 253kcal, 29g proteína, 8g gordura (1g saturada), 14g carboidratos (3g fibra, 6 açúcar), 20% ferro, 40% magnésio, 96% vitamina B3, 72% vitamina B6.

16. Espaguete com Atum e Brócolis

15 minutos é tudo que você precisa para preparar esta massa de peixe picante que embala uma pancada significativa de carga energética. A mistura de macarrão, atum e legumes fazem dele um versátil e nutritivo prato.

Ingredientes (2 porções):
180g de espaguete de trigo integral
100g atum em óleo, escorrido
125g de brócolis, cortado em floretes
40g de azeitonas verdes sem caroço, picadas
1 colher de sopa de alcaparras, escorridas
O suco e as raspas de ½ limão
1 colher de chá de azeite para pulverizar, um plus extra

T. de preparo: 5m
T. de cozimento: 10m

Preparo:
Ferva o macarrão conforme as instruções da embalagem. Depois de 6m, adicione o brócolis e deixe ferver por 4m ou mais, até que ambos estejam macios.
Misture as azeitonas, cebolas, alcaparras, atum, as raspas e o suco de limão em uma tigela grande. Escorra o macarrão e o brócolis e adicione à tigela; misture bem com o azeite e a pimenta preta e sirva.

Valor nutricional/porção: 440kcal, 23g proteína, 11g gordura (2 g saturada), 62g carboidratos (5g fibra, 4g açúcar), 1,4g sal, 12% ferro, 20% magnésio, 25% vitamina A, 50% vitamina B3, 25 % vitamina B6, 90% vitamina B12.

17. Salmão Grelhado Esfregado com Limão

Rico em gorduras saudáveis, proteínas e vitaminas do complexo B, o salmão grelhado é um peixe que definitivamente merece um lugar em seu prato. Sirva com uma simples mistura de tomate com salada verde, para dar sabor ao ótimo gosto desta refeição com limão.

Ingredientes (2 porções):
2 * 150g de filetes de salmão desossado
O suco e as raspas de ½ limão
10g de estragão fresco, bem picado
1 dente de alho, bem picado
1 colher de sopa de óleo

T. de preparo: 5m
T. de cozimento: 10m
Preparo:
Misture as raspas e o suco de limão, alho, estragão e o azeite em um prato, tempere com sal e pimenta e adicione os filés de salmão. Esfregue o peixe com a mistura, tampe e deixe descansar por 10m.
Aqueça a grelha em alta temperatura, retire os filés de salmão da marinada, coloque em uma assadeira e grelhe por 7-10 m. Sirva logo que o salmão fique pronto.
Valor nutricional/porção: 322kcal, 31g proteína, 22g gordura (4g saturada), 1g carboidratos, 12% vitamina B2,

30% vitamina B1, 60% vitamina B3, 45% vitamina B6, 79% vitamina B12.

18. Arroz com Sopa De Tomate

Como um prato principal saudável, o arroz com sopa de tomate é uma ótima maneira de aproveitar o frescos e saborosos tomates disponíveis no verão. Você também pode servi-lo frio, para um efeito refrescante.

Ingredientes (2 porções):
70g de arroz integral
200g de tomate picados
1 colher de chá de purê de tomate
1 cebolinha bem picada
1 cenoura pequena, bem picada
½ talo de aipo, picadinho
½ litro de caldo de legumes
1 colher de chá de açúcar amarelo refinado
1 colher de chá de vinagre
Folhas de salsa picada
Gotas de molho pesto, para servir (opcional)

T. de preparo: 10m
T. de cozimento: 35m

Preparo:
Aqueça o óleo em uma panela grande, adicione a cenoura, o aipo e a cebola e cozinhe em fogo médio até ficar macio. Adicione o vinagre e o açúcar, cozinhe por 1 minuto e em

seguida, misture o purê de tomate. Adicione o tomate, o caldo de legumes e o arroz, tampe e cozinhe por 10m.

Divida em duas taças, polvilhe um pouco de salsa e tempere. Adicione molho pesto, se quiser.

Valor nutricional/porção: 213kcal, 6g proteína, 3g gordura (1g saturada),39g carboidratos (4g fibra, 13g açúcar), 1,6g sal, 16% vitamina A, 22% vitamina C.

19. Espinafre e Frango com Recheio de Tâmaras

Rica em proteínas, com uma quantidade equilibrada de carboidratos e muitas vitaminas, esta refeição saudável abrange praticamente todos os nutrientes para você degustar. O espinafre e o recheio de tâmara adicionam uma doçura muito bem-vinda.

Ingredientes (2 porções):
2 peitos de frango desossados e sem pele
100g de espinafre picado
1 cebola pequena, picadinha
1 dente de alho, picadinho
4 tâmaras, picadinhas
1 colher de sopa de suco de romã ou mel
1 colher de chá de cominho
1 colher de sopa de azeite
100g de feijão verde congelado

T. de preparo: 10m
T. de cozimento: 15m

Preparo:
Aqueça o forno a gás a 200ºC. Aqueça o óleo em uma panela antiaderente, adicione a cebola, o alho e uma pitada de sal e cozinhe por 5m antes de adicionar as

tâmaras, o espinafre e a metade do cominho. Cozinhe por mais 1-2m.

Corte os peitos de frango pela metade, no sentido do comprimento, sem separá-los para possa abri-los como um livro. Encha os peitos de frango com tudo isso e coloque-os em uma assadeira, adicione o resto do cominho e dos temperos, borrife com o suco de romã ou mel e leve ao forno por 20m. Sirva com as ervilhas verdes congeladas, ligeiramente cozidas no vapor.

Valor nutricional/porção: 257kcal, proteína 36g, 4g gordura (1 g saturada), 21g carboidratos (fibra 3G), 17% ferro, 23% magnésio, 97% vitamina A, 36% vitamina C, 96% vitamina B3, vitamina 49% B6.

20. Feijão com Pimenta Chili

Uma saudável refeição vegetariana de meio-dia com um chute picante, este prato é uma ótima maneira de obter de 1/2 - 1/3 de sua quantidade necessária diária de fibras. Você pode servir sobre uma pequena porção de arroz integral cozido com cerca de 170kcal adicionadas à sua refeição.

Ingredientes (2 porções):
170g de pimentas sem sementes, cortadas
Uma lata de 200g de feijão em molho de pimenta
Uma lata de 200g de feijão preto, escorrido
200g de tomate, picado
1 cebola pequena picada
1 colher de chá de cominho
1 colher de chá de pimenta em pó
1 colher de chá de páprica doce fumada
1 colher de chá de azeite

T. de preparo: 15m
T. de cozimento: 30m

Preparo:
Aqueça o azeite em uma panela grande, junte a cebola e a pimenta e cozinhe por 8-10m até amolecer. Adicione os temperos e cozinhe por 1m.

Acrescente os feijões e os tomates e deixe cozinhar por 15 min. Quando a pimenta engrossar, tempere e sirva.

Valor nutricional/porção: 183kcal, 11g proteína , 5g gordura (1 g saturada), 26g carboidratos (12g fibras, 12g açúcar), 16% ferro, 14% magnésio, 16% vitamina A, 22% vitamina C, 14% vitamina B1.

21. Bife com Alho

Desfrute de um bife de carne feito rapidamente; não só rico em proteínas e pobre em gordura e carboidratos, mas também carregado de vitamina B. Combine-o com alguns tomates cereja para transformá-lo em uma refrescante refeição.

Ingredientes (2 porções):
300g de bife de carne, bem limpa
3 dentes de alho
2 colheres de sopa de vinagre tinto
1 colher de chá de pimenta preta
200g de tomate cereja cortado ao meio com um pouco de vinagre

T. de preparo: 10m
T. de cozimento: 15m

Preparo:
Esmague os grãos de pimenta e o alho com uma pitada de sal em um pilão até obter uma pasta ligeiramente lisa, em seguida, misture o vinagre. Ponha a carne em um prato, em seguida, esfregue-a com essa pasta. Deixe-a na geladeira por 2 horas.
Coloque uma frigideira em fogo bem quente. Refogue a marinada sem a carne, acrescente mais sal. Cozinhe a carne

por aproximadamente 5m até carbonizá-la dos dois lados (certifique-se de que o bife não seja muito grosso). Descanse a carne por 5m em uma tábua de cortar, antes de cortá-la em fatias. Sirva com os tomates cereja.

Valor nutricional/porção: 223kcal, proteína 34g, gorduras 6g, carboidratos 7g (fibra 1g, 3g açúcar), 22% ferro, 16% vitamina A, 22% vitamina C, 27% vitamina B2, 42% vitamina B3, 30% vitamina B6, 64% vitamina B12.

22. Peixe Grelhado com Molho de Tomate Marroquino

Uma refeição à base de dourada torna-se uma excelente fonte de proteínas. O molho sul-africano com suas especiarias aromáticas complementa o seu gosto; também fica bem com sardinha ou robalo.

Ingredientes (2 porções):
2 * 140g de filetes de dourada sem pele
3 tomates grandes
1 ½ de pimentas vermelhas grandes sem sementes, ao meio
2 dentes de alho amassados
20ml Óleo de oliva
1 colher de chá de cominho
1 colher de chá de páprica
1/8 colher de chá de pimenta preta
Uma pitada de pimenta de Caiena
Um raminho de salsa, picado
Um punhado de coentro, picado

T. de preparo: 30m
T. de cozimento: 15m

Preparo:
Aqueça a grelha em alta temperatura, coloque as pimentas em uma assadeira com a pele para cima e coloque sob a

grelha até ficarem pretas e com bolhas. Coloque-as em uma tigela bem tampada e deixe esfriar. Quando elas estiverem frias, retire as peles queimadas, em seguida, corte em pedaços pequenos.

Tire a pele dos tomates, em seguida, corte em quartos, descarte as sementes.

Aqueça o óleo em uma panela grande, adicione o alho, a pimenta e as especiarias e cozinhe por 2m. Adicione o pimentão e os tomates e cozinhe em fogo médio até que os tomates fiquem bem macios. Esmague os tomates e continue cozinhando até que o líquido seja reduzido a um molho.

Esquente bem a grelha, coloque o peixe em uma assadeira forrada com papel alumínio levemente untada com óleo. Tempere e grelhe por 4-5m até cozinhar. Divida o molho entre os pratos coloque o peixe em cima e sirva com as ervas picadas.

Valor nutricional/porção: 308kcal, proteína 25g, 18g gordura (2 g saturada), carboidratos 16g (4g fibra, 12 g açúcar), 23% magnésio, 45% vitamina A, 55% vitamina C, 12% vitamina B1, 12% vitamina B2, 14% vitamina B3, vitamina B6 34%.

23. Camarão com Curry

Você só precisa de 20 minutos para fazer este delicioso prato de peixe com sabor de curry. Este cremoso molho aromático vai muito bem com uma porção de arroz integral cozido, com cerca de 175kcal por porção.

Ingredientes (2 porções):
200g de camarões congelados
200g de tomates picados
25g de creme de coco
1 cebola pequena picada
1 colher de chá de pasta de curry tailandês vermelho
½ colher de chá de gengibre fresco
1 colher de chá de azeite
Coentro picado

T. de preparo: 5m
T. de cozimento: 15m

Preparo:
Aqueça o óleo em uma panela. Lance a cebola e o gengibre, e refogue por alguns minutos, até ficarem macios. Adicione a pasta de curry, mexa e deixe cozinhe por mais 1m, despeje os tomates e o creme de coco, deixe ferver por 5m, adicionando um pouco de água fervente se a mistura ficar muito grossa.

Adicione os camarões e cozinhe por mais 5-10m. Polvilhe com o coentro picado e sirva.

Valor nutricional/porção: 180kcal, proteína 20g, gordura 9g (4 g saturada), carboidratos (6g fibra 1g, 5g açúcar), 1g sal , 18% ferro, 10% magnésio, 20% vitamina A, 26% vitamina C, 13% vitamina B3, 25% vitamina B12.

24. Frango com Cogumelos

Um prato saudável, esta caçarola de frango tem uma alta quantidade de proteínas, que você ficará saciado até o jantar. As coxas de frango adicionam sabor extra e suculência, enquanto que os cogumelos são responsáveis pela sensação picante desta refeição de meio-dia de baixas calorias.

Ingredientes (2 porções):
250g de coxas de frango sem pele e desossadas
125ml de caldo de galinha
25g de ervilhas congeladas
150g de cogumelos
25g cubos de bacon
1 cebola grande picada
1 colher de sopa de azeite
1 colher de chá de vinagre branco
Farinha, para polvilhar
Um punhado de salsinha picada

T. de preparo: 15m
T. de cozimento: 25 min

Preparo:
Aqueça 1 colher de chá de azeite em uma frigideira antiaderente, tempere o frango e polvilhe com a farinha.

Doure de todos os lados, em seguida, retire o frango e frite o bacon e os cogumelos até ficarem macios.

Com o restante do azeite frite as cebolas por 5m. Adicione o caldo, o vinagre e ferva por 1-2m. Acrescente o frango, o bacon e os cogumelos na panela e cozinhe por 15m. Adicione as ervilhas e a salsa, cozinhe por mais 2m, e depois sirva.

Valor nutricional/porção: 260kcal, 32g proteína, 13g gordura (3 g saturada), carboidratos 4g (fibra 3g, 1 g açúcar), 1g sal, 21% ferro, 39% vitamina D, 12% vitamina B2, 34% vitamina B3, 17% vitamina B6.

25. Peru Frito

Rico em proteínas, rápido de fazer e saboroso, este prato é um perfeito e picante almoço. Seu conteúdo de carboidratos irá carregar você com energia, por isso ele também pode ser uma refeição de pré-treino ideal.

Ingredientes (2 porções):
200g de peito de peru, em tiras (remover a gordura)
150g de macarrão de arroz
170g de feijão verde, cortado ao meio
1 dente de alho, picado
1 cebola roxa pequena, cortada
½ pimentão vermelho, picadinho
Suco de ½ limão
½ colher de chá de azeite
½ colher de chá de pimenta em pó
1 colher de chá de molho de peixe
Menta e coentro, picados

T. de preparo: 10m
T. de cozimento: 15m

Preparo:
Cozinhe o macarrão conforme as instruções da embalagem. Aqueça o óleo em uma panela antiaderente e

frite o peru em fogo alto por 2m. Adicione a cebola, o alho e o feijão e cozinhe por mais 5m.

Tombe o suco de limão, pimenta doce, pimenta em pó e o molho de peixe, misture e cozinhe por 3m. Acrescente o macarrão e as ervas de acordo com o seu gosto e sirva.

Valor nutricional/porção: 425kcal, proteína 32g, 3g gordura (1 g saturada), 71g carboidratos (4g fibras, açúcar 4G), 1 g sal, 12% ferro, 10% magnésio, 12% vitamina A, 36% vitamina C, 13 % vitamina B1, 24% vitamina B2.

26. Truta Picante

Tente esta receita de truta saudável e fácil para uma refeição leve de verão. Uma grande fonte de vitamina B12, este peixe branco pode ser servido acompanhado por uma salada verde polvilhada com sal marinho e um pouco de suco de limão para uma sensação extra picante.

Ingredientes (2 porções):
2 filés de truta
15g pinhões, torrados e picados
25g de pão ralado
1 colher de chá manteiga amolecida
1 colher de chá de azeite de oliva
suco e as raspas de ½ limão
1 maço pequeno de salsa picada

T. de preparo: 10m
T. de cozimento: 5m

Preparo:
Aqueça bem a grelha. Coloque os filés com o lado da pele para baixo em uma assadeira untada com óleo.
Misture a farinha de rosca, as raspas e o suco de limão, a manteiga, a salsa e a metade dos pinhões. Espalhe a composição em uma camada fina sobre os filetes, regue com o azeite e coloque sob a grelha por 5m. Polvilhe sobre

o resto dos pinhões e sirva com couve-flor ou feijão verde ao vapor.

Valor nutricional/porção: 298kcal, proteína 30g, 16g gordura (4g saturada), 10g carboidratos (1g fibra, 1g açúcar), 11% magnésio, 14% vitamina B1, 41% vitamina B3, 25% vitamina B6, 150% vitamina B12 .

27. Ensopado de Marisco Picante

Aguce seus sentidos para esta mistura picante de camarões, mariscos e peixe branco, que oferece uma quantidade saudável de proteína e supre sua maior parte da vitamina B. Certifique-se de usar frutos do mar frescos para maximizar o gosto salgado desta caçarola mista.

Ingredientes (2 porções):
100g de camarões grandes crus e descascados
150g de mariscos
150g de filés de peixe branco (cortado em pedaços de 3cm)
250g de batatinhas novas cozidas, cortadas ao meio
130g de tomates picados
350ml de caldo de galinha
1 cebola pequena picada
2 dentes de alho, picados
1 pimentão grande, seco
Suco de 1 limão
½ colher de chá de páprica defumada quente
½ colher de chá de cominho em pó
1 colher de chá de azeite
Fatias de limão para servir (opcional)

T. de preparo: 15m
T. de cozimento: 30m

Preparo:

Toste os pimentões secos em uma frigideira quente, até que eles inchem um pouco, em seguida, remova a haste e as sementes. Mergulhe em água fervente por 15m.

Aqueça o azeite em uma panela grande, junte a cebola, o alho, tempere e cozinhe até ficar macio. Adicione a páprica, pimenta, cominho, tomates e o caldo de galinha e refogue por 5m, em seguida, bata no liquidificador até ficar homogêneo. Despeje de volta na panela e leve ao ponto de ebulição. Deixe ferver por 10m. Adicione os camarões, os filetes de peixe, os mariscos e as batatas, tampe a panela e cozinhe por 5m em fogo médio-alto. Sirva com fatias de limão, se quiser.

Valor nutricional/porção: 347kcal, proteína 44g, 6g gordura (1 g saturada), 28g carboidratos (4g fibras, 7 g açúcar), sal 1,1g, 18% magnésio, 12% vitamina A, 40% vitamina C, 16% vitamina B1, 10% vitamina B2, 23% vitamina B3, vitamina B6, 26%, 62% vitamina B12.

JANTAR

28. Berinjela Recheada

Uma saborosa refeição vegetariana com queijo fresco com farinha de rosca no topo, que é leve e perfeita para jantar. Esqueça os pimentões recheados e em vez disso experimente esta saborosa berinjela.

Ingredientes (2 porções):
1 berinjela
60g mussarela vegetariana, em pedaços
1 cebola pequena, picadinha
2 dentes de alho, bem picados
1 colher de sopa de azeite para pulverizar, um plus extra
2 dentes de alho, picadinho
6 tomates cereja, ao meio
Algumas folhas de manjericão picadas
Farelo de pão integral

T. de preparo: 15m
T. de cozimento: 40m

Preparo:
Aqueça o forno a gás a 200ºC. Corte as berinjelas ao meio, verticalmente (você pode deixar a haste intacta ou removê-la). Corte uma borda dentro da berinjela com cerca de 1 cm de espessura. Usando uma colher de chá, retire a

polpa da berinjela até deixa-la como duas conchas. Pique a carne, e reserve. Pincele as cascas com um pouco de azeite, tempere e coloque-as em uma assadeira. Cubra com papel alumínio e asse por 20m.

Adicione o restante do azeite em uma frigideira antiaderente. Coloque a cebola e refogue até que fique macia, adicione a polpa da berinjela picada e cozinhe completamente. Lance o alho e os tomates e cozinhe por mais 3m.

Quando as cascas da berinjela estiverem tenras retire-as do forno, recheie e polvilhe com pão ralado e em seguida regue com um pouco de azeite. Reduza o fogo do forno a 180ºC. Asse por 15-20m, até que o queijo tenha derretido e as migalhas de pão dourem. Sirva com uma salada verde.

Valor nutricional/porção: 266kcal, 9g proteína , 20g gordura (6g saturada), 14g carboidratos (5g fibra, 7g açúcar), 1g sal , 15% vitamina A, 19% cálcio.

29. Laranja, Nozes e Molho de Queijo Azul

Tente esta salada agridoce com nozes esmigalhadas e queijo azul picado, para uma ceia leve, rica em gorduras saudáveis e vitamina C; nenhuma receita de cozinha leva apenas 10 minutos para fazer. Esta é uma ótima maneira de terminar um dia agitado.

Ingredientes (2 porções):
1 * 1100g pacote de salada mista (espinafre, rúcula e agrião)
1 laranja grande
40g de nozes, picadas grosseiramente
70g de queijo azul, esfarelado
1 colher de chá de óleo de noz

T. de preparo: 10m
Não cozido

Preparo:
Esvazie o pacote de salada em uma tigela. Descasque as laranjas e corte os segmentos da medula em uma pequena tigela para pegar o suco. Misture o óleo de noz com o suco de laranja, em seguida, despeje sobre as folhas da salada. Misture a salada com os segmentos da laranja, queijo azul e nozes, e sirva.

Valor nutricional/porção: 356kcal, 14g proteína, 30g gordura (10g saturada), 8g carboidratos (3g fibra , 8g açúcar), 19% cálcio, 10% magnésio, 20% vitamina A, 103% vitamina C, 10% vitamina B1.

30. Salada De Feijão e Arroz Mexicano

Uma refeição picante com baixo teor de gordura e sabores da América Latina; o arroz mexicano com salada de feijão está repleto de vegetais que o tornam uma ceia que alimenta. Varie um pouco usando uma lata de feijão mixto para um prato mais colorido.

Ingredientes (2 porções):
90g de arroz integral
1 lata de 200g de salada de feijão preto, escorrido
½ abacate maduro, picado
2 cebolinhas picadas
½ pimenta vermelha sem sementes, picada
Suco de ½ limão
1 colher de chá de mistura de especiarias Cajun
Um punhado de coentro picado

T. de preparo: 15m
T. de cozimento: 20m

Preparo:
Cozinhe o arroz seguindo as instruções da embalagem. Escorra e em seguida arrefeça em água corrente fria. Acrescente o feijão, a pimenta, a cebola e o abacate.

Misture o suco de limão com a pimenta preta e as especiarias Cajun, e em seguida, despeje sobre o arroz. Adicione o coentro e sirva.

Valor nutricional/porção: 326kcal, 11g proteína , 10g gordura (2 g saturada), 44g carboidratos (6g fibra, 4g açúcar), 10% ferro, 15% magnésio, 11% vitamina B1, 13% vitamina B6.

31. Grão de bico e Espinafre Curry

Prepare esta refeição como aquecimento para uma grande noitada. Rico em vitamina A e proteínas, este prato vegetariano pode ser servido com um pouco de Naan. Fique atento para as calorias extras, pois um pedaço de pão Naan contém cerca de 140kcal.

Ingredientes (2 porções):
1 lata * 400g de grão de bico, escorrido
200g de tomate cereja
130g de folhas do espinafre bebê
1 colher de sopa de pasta de curry
1 cebola pequena picada
Suco de limão

T. de preparo: 5m
T. de cozimento: 15m

Preparo:
Aqueça a pasta de curry em uma frigideira antiaderente. Quando ele começar a se dividir, adicione a cebola e cozinhe por 2m até que ela amoleça. Acrescente os tomates e ferva até que o molho tenha reduzido.
Adicione o grão de bico e alguns temperos e cozinhe por mais 1m. Tire do calor e ponha o espinafre (o calor da

panela murchará as folhas). Tempere, adicione o suco de limão e sirva.

Valor nutricional/porção: 203kcal, 9g proteína , gordura 4g, 28g carboidratos (fibra 6g, 5g açúcar), 1,5 g sal, 25% ferro, 29% magnésio, 129% vitamina A, 61% vitamina C, 58% vitamina B6.

32. Vegetais Tailandeses Com Caldo De Leite De Coco

Uma porção de macarrão de ovos coberto com um delicioso caldo de legumes lhe darão uma rápida e deliciosa refeição com sabor tailandês. Se você prefere um caldo mais espesso, utilize menos caldo de legumes, de acordo com o seu gosto.

Ingredientes (2 porções):
1 lata de 200ml de leite de coco
500ml de caldo de legumes
90g de macarrão de ovo
1 cenoura cortada em palitos
¼ cabeça de acelga, cortada
75g de brotos de feijão
3 tomates cereja, ao meio
2 cebolas bebê, cortadas ao meio
Suco de ½ limão
1 ½ colher de chá de curry tailandês vermelho
1 colher de chá de açúcar mascavo
1 colher de chá de azeite
1 punhado de coentro, picado

T. de preparo: 15m
T. de cozimento 10m

Preparo:

Aqueça o óleo em uma panela Wok, em seguida, adicione a pasta de curry e frite por 1m até perfumar. Adicione o caldo de legumes, açúcar mascavo, leite coco e cozinhe por 3m.

Lance o macarrão, as cenouras e a acelga e cozinhe até ficarem macios. Adicione os brotos de feijão, o tomate, suco de limão a gosto e algum tempero extra. Polvilhe as colheres e taças com coentro e cebolinha.

Valor nutricional: 338kcal, 10g proteína, 14g gordura (7g saturada), 46g carboidratos (5g fibra, 12g açúcar), 1,2 g sal, 14% ferro, 16% magnésio, 10% vitamina B3.

33. Abobrinha Recheadas

Uma ceia vegetariana saudável, leve para o estômago e uma delícia para preparar. As abobrinhas são saborizados pela mistura dos pinhões, tomates secos e do queijo parmesão. Você pode pincelar as abobrinhas com um pouco de molho pesto em vez de azeite, antes de colocá-las no forno.

Ingredientes (2 porções):
2 abobrinhas ao meio, corte vertical
2 colheres de chá de azeite
Salada mista, para servir

Recheio:
25g de pinhões
3 cebolinhas, em fatias finas
1 dente de alho esmagado
3 tomates secos em óleo, escorrido
12g de queijo parmesão, ralado
25g de pão branco seco
1 colher de chá de folha tomilho
T. de preparo: 10m
T. de cozimento: 35m

Preparo:

Aqueça o forno a gás a 200ºC. Coloque as abobrinhas em um refratário, corte a parte de cima. Pincele levemente com 1 colher de chá de óleo e leve ao forno por 20 min.

Misture todos os ingredientes do recheio em uma tigela e tempere com pimenta preta, polvilhe a mistura em cima das abobrinhas e regue com o azeite restante. Leve ao forno por mais 10-15m, até que as abobrinhas fiquem macias e com a casca crocante. Sirva quente com uma salada mista.

Valor nutricional/porção: 244kcal, 10g proteína , 17g gordura (3 saturada), 14g carboidratos (3g fibra, 5g açúcar), 56% vitamina C, 16% vitamina B2, 21% vitamina B6.

34. Salada de frutas

Você tem um pacote de vitamina C embalado nesta salada de fruta adoçada com mel e pronta para servir em 10 min. Faça esta simples salada de frutas cantar adicionando uma pitada de hortelã recém-picada.

Ingredientes (1 porção):
1 toranja, sem casca e sem miolo
2 damascos, cortados
2 laranjas, sem casca e sem miolo
1 colher de chá de mel claro

T. de preparo 5m
Não cozido

Preparo:
Coloque os damascos em uma tigela grande. Segmente as laranjas e as toranjas sobre uma tigela para pegar o suco. Misture com mel e sirva.
Valor nutricional/porção: 166kcal, 4g proteína, 36g carboidratos (fibra 8g, açúcar 28g), 46% vitamina A, 184% vitamina C, 13% vitamina B1.

35. Trufas de Cogumelo

Mime-se com esta refeição saudável e picante, de salada fresca acompanhada de batata frita crocante. Dobre a poção para um teor maior de fibras e proteínas ou emparelhe com uma fatia média de baguete com cerca de 150kcal por peça.

Ingredientes (2 porções):
8 cogumelos grandes chatos
2 dentes de alho amassados
2 colher de sopa de azeite
2 colheres de sopa de molho inglês
2 colheres de sopa de mostarda em grão
1 colher de chá de páprica
1 saco de 140g de salada de folhas (agrião e acelga vermelha)

T. de preparo: 10m
T. de cozimento: 15m

Preparo:
Aqueça o forno a gás a 180ºC. Misture mostarda, azeite, alho e molho inglês Worcestershire em uma tigela grande, em seguida, tempere com pimenta do reino moída e sal. Adicione os cogumelos à mistura e mexa bem para revesti-los de maneira uniforme. Coloque-os com o lado das hastes

para cima em um refratário, polvilhe-os com a páprica e asse por 8-10m.

Divida as folhas de salada entre os dois pratos com 4 cogumelos em cada um, regue com algumas colheres de suco e sirva imediatamente.

Valor nutricional/porção: 102kcal, 8g proteína , 14g gordura (2 g saturada), 8g carboidratos (4g fibras), 1g sal , 20% vitamina B2, 16% vitamina B3.

36. Truta defumada com beterraba, salada de erva-doce e Maçã

Um delicado peixe defumado e quente, complementado com uma maçã crocante e uma beterraba colorida, torna-se de uma salada exótica com uma combinação de sabor deslumbrante. A truta é uma fonte ideal de B12 e de proteína de alta qualidade.

Ingredientes (2 porções):
140g de filé de truta defumada sem pele
100g de beterraba bebê em vinagre, drenada e esquartejada
4 cebolas bebês, em fatias
1 maçã verde, fatiada
½ um bulbo pequeno de funcho, em fatias finas
Folhas de salsa, picadinha
2 colheres de sopa de iogurte com baixo teor de gordura
1 colher de chá de molho de rábano

T. de preparo: 10m
Não cozido

Preparo:
Coloque a beterraba, a cebola e a maçã em uma travessa e espalhe o funcho sobre elas. Corte a truta em pedaços

grossos e coloque em cima. Polvilhe com a metade da salsa picada.

Misture o iogurte e o molho de rábano com 1 colher de sopa de água fria, em seguida, adicione o restante da salsa e mexa. Despeje a metade desse molho sobre a salada e misture levemente, em seguida regue tudo com o restante do molho e sirva.

Valor nutricional/porção: 183kcal, 19g proteína, 5g gordura (1 g saturada), 16g carboidratos (5g fibra, 16g açúcar), 1,6 g sal, 12% ferro, 11% vitamina A, 20% vitamina C, 20% vitamina B1, 17% vitamina B2, 20% vitamina B3, 100% vitamina B12.

37. Cenouras Assadas com Romã e Queijo de Cabra

Uma refeição completa e versátil quando se trata de nutrientes, essa combinação de legumes doces e sucos azedos é uma opção de jantar saudável e interessante. Certifique-se de manter as sementes de romã separadas e adicione um pouco antes de servir, se você planeja fazer uma fornada grande.

Ingredientes (2 porções):
375g de cenouras
40g de sementes de romã
50g de queijo de cabra, esfarelado
1 lata de 200g de grão de bico, escorrido
Raspas e suco de ½ laranja
1 colher de sopa de azeite
1 colher de chá de sementes de cominho
1 punhado de hortelã picada

T. de preparo: 10m
T. de cozimento: 50 min

Preparo:
Aqueça o forno a gás a 170ºC. Coloque as cenouras em uma tigela e misture com a metade do azeite, as sementes de cominho e as raspas de laranja e sal. Espalhe as cenouras

em uma grande assadeira e asse por 50 minutos até que fiquem tenras e peguem um pouco de cor nas bordas.

Misture o grão de bico com as cenouras assadas e coloque-os em uma travessa. Regue com o restante de óleo e o suco de laranja. Adicione o queijo de cabra esfarelado, salpique com as sementes de romã, as ervas e sirva.

Valor nutricional/porção: 285kcal, 12 g de proteína, 15 g gordura (6g saturada), carboidratos 30g (6g fibra, açúcar 16g), 15% cálcio, 12% ferro, 14% magnésio, 610% vitamina A, 28% vitamina C, 12% vitamina B1, 18%vitamina B2, 11% vitamina B3, 37% vitamina B6.

38. Lentilha, Cenoura e Sopa de Laranja

Uma sopa interessante feita com suco de laranja que superará a sua necessidade diária de vitamina C. Saudável e com sabores que trabalham muito bem juntos, esta receita é uma delícia picante. Você pode acrescentar um pouco de água, se achar que está muito grossa.

Ingredientes (2 porções):
75g de lentilhas vermelhas
225g de cenouras em cubos
300ml de suco de laranja
1 cebola picada
600ml de caldo de legumes
2 colheres de sopa de iogurte com baixo teor de gordura
1 colher de chá de sementes de cominho
2 colheres de chá de sementes de coentro
Coentro fresco picado para guarnecer

T. de preparo: 15m
T. de cozimento: 35m

Preparo:
Esmague as sementes em um pilão, em seguida, toste por 2 minutos até que doure. Adicione a lentilha, a cenoura, a cebola, o suco de laranja, o caldo de legumes e os temperos

e leve ao fogo. Tampe e cozinhe por 30m até que as lentilhas fiquem macias.

Transfira a mistura para um processador e bata até ficar homogêneo. Retorne à panela, aqueça em fogo médio e mexa de vez em quando. Tempere a gosto, em seguida, encha as taças, use o iogurte como cobertura, polvilhe com as folhas de coentro e sirva imediatamente.

Valor nutricional/porção: 184kcal, 8g proteína , gordura 2g, carboidratos 34g (fibra 4g), 1g sal , 340% vitamina A, 134% vitamina C, 16% vitamina B1, vitamina B3 11%, 13% vitamina B6.

39. Curry Vermelho Vegetariano

Leva quase uma hora para preparar, mas este perfumado prato tailandês certamente irá colocar o seu paladar em ação. Rico em nutrientes, este curry vegetariano cremoso tem os ingredientes de um prato autônomo, mas também pode ser servido acompanhado de arroz integral cozido com cerca de 175 kcal extra.

Ingredientes (2 porções):
70g de cogumelos
70g de vagens de ervilhas
½ abobrinha, cortada em pedaços
½ berinjela, em pedaços
100g de tofu firme, cortado em cubos
1 lata de 200ml de leite de coco c/ baixo teor de gordura
1 pimentão vermelho (½ picadinho, ½ cortado em rodelas)
¼ de pimentão vermelho, sem sementes e cortado em tiras
2 colheres de sopa de molho de soja
Suco de 1 limão
1 colher de sopa de azeite
10g de folhas de manjericão
½ colher de chá de açúcar mascavo
Pasta:
3 cebolas, picadas grosseiramente
2 pimentões vermelhos pequenos

½ capim-limão, picado
1 dentes de alho
10g de talos de coentro
½ pimenta vermelha picada , sem sementes
Raspas de ½ limão
¼ colher de chá de raiz de gengibre ralado
½ colher de chá de coentro em pó
½ colher de chá de pimenta moída na hora

T. de preparo: 30m
T. de cozimento: 20m.

Preparo:
Marinar o tofu na metade do suco de limão, 1 colher de sopa de molho de soja e do pimentão picado.
Coloque os ingredientes da pasta em um processador de alimentos.
Aqueça metade do azeite em uma panela, adicione 2 colheres de sopa da pasta e frite por 2m. Junte o leite de coco com 50 ml de água, a berinjela, a abobrinha e a pimenta. Cozinhe até que estejam quase macios.
Escorra o tofu, seque e frite-o no azeite restante, em uma panela pequena até dourar.
Adicione o cogumelo, as vagens de ervilha e a maior parte do manjericão e tempere com açúcar, o restante do suco de limão e o molho de soja. Cozinhe até que os cogumelos

estejam macios, acrescente o tofu e aqueça bem. Polvilhe com o manjericão, espalhe o pimentão em fatias e sirva.

Valor nutricional/porção: 233kcal, 8g proteína , 18g gordura (10 g saturada), 11g carboidratos (fibra 3g, açúcar 7g), sal 3g, 13% cálcio, 12% ferro, 14% magnésio, 11% vitamina A, 65% vitamina C, 15% vitamina B1, 21% vitamina B2, 12% vitamina B3, 22% vitamina B6.

40. Cogumelo Pilaf com limão

Este cogumelo pilaf com baixo teor de gordura é o seu ticket para uma alternativa mais leve de risoto. Jogue um punhado de ervilhas verdes para um prato mais colorido, e sinta-se livre para substituir a cebolinha por cebola bebê, se quiser.

Ingredientes (2 porções):
100g de arroz integral
150g de cogumelos fatiados
250ml de caldo de legumes
1 cebola pequena, cortada
1 dente de alho esmagado
3 colheres de sopa de queijo light com alho e ervas
raspas e suco de ½ limão
1 punhado de cebolinha, cortada

T. de preparo: 10m
T. de cozimento: 30m

Preparo:
Coloque a cebola em uma panela antiaderente, adicione algumas colheres de sopa de caldo de legumes e cozinhe por cerca de 5m até amolecer. Adicione o alho e os cogumelos e cozinhe por mais 2 minutos. Enquanto mexe, acrescente o arroz, as raspas e o suco de limão. Despeje o

caldo de legumes restante e os temperos e deixe ferver. Abaixe o fogo, tampe a panela e deixe ferver por 30m até que o arroz esteja macio. Misture com a metade da cebolinha e do queijo . Divida entre os dois pratos, polvilhe com o queijo e cebolinha restante e sirva.

Valor nutricional/porção: 249kcal, 12g proteína , 4g gordura (2g saturada), 44 g carboidratos, 2g fibra, 4g açúcar), 11% vitamina A, 23% vitamina B2.

CAPÍTULO 3 : COMO A MEDITAÇÃO PODE BENEFICIAR OS ATLETAS ?

A meditação pode ser usada por atletas por diferentes razões: estresse, ansiedade, baixa concentração, nervosismo,etc... Os atletas podem se beneficiar da meditação, vendo um ritmo mais rápido de recuperação que é fundamental quando se tenta passar para o próximo nível de performance. As sessões de treinamento serão mais intensas e de maior qualidade, devido à melhoria no nível de concentração e, devido à redução da fadiga dos músculos. A maioria dos atletas verá uma redução no nervosismo antes e durante a competição que irá ajudá-los a competir melhor e com mais confiança.

Uma vez que você comece a praticar em uma base regular, perceberá o aumento da capacidade de concentração e foco, quando trabalhar sob pressão e sob condições inesperadas. Este aumento da capacidade de concentração irá levá-lo a um nível ainda mais alto de desempenho.

Atletas com risco de doença cardíaca podem se beneficiar significativamente da meditação. Os médicos estão agora prescrevendo mais meditação e menos medicação, o que é senso comum para alguns e mudança de vida para outros. Por simplesmente reduzir a quantidade de estresse a que um atleta está exposto em uma base diária, reduzindo os níveis de pressão arterial e melhorando a sua competitividade, capacitando-o para assumir mais treinamento. Alguns atletas descobriram que a meditação pode muitas vezes ajudar a controlar o estresse alimentar o que não é comumente falado, mas que é um fator significativo que afasta as pessoas de atingir o seu desempenho máximo. Os atletas muitas vezes sentem que estão mais no controle de suas vidas depois de repetir as sessões de meditação, o que frequentemente reduz o estresse e como um benefício direto, diminui o risco de doença cardíaca.

A perda de peso é um problema comum por não haver um planejamento adequado e pela incapacidade de seguir dietas por causa da falta de disciplina ou de maus hábitos. A MEDITAÇÃO PODE REALMENTE AJUDAR COM PERDA DE PESO ACONTECER , quando comer demais é devido ao estresse.

Atletas que tentam quebrar maus hábitos vão achar que é difícil mudar seus velhos hábitos e começar em um novo caminho. Fumar, beber álcool, ficar nervoso ou com raiva, e outros hábitos negativos podem ser controlados através da meditação, pois ela pode reduzir a ansiedade. Diminuir o ritmo das coisas e usar técnicas de respiração para se concentrar em superar maus hábitos ao meditar, pode ser uma poderosa técnica que parece menos óbvia, mas muito relevante quando os maus hábitos têm sido desenvolvidos devido ao estresse e raiva.

Os atletas que sofrem de depressão ou ansiedade também sofrem de estresse, pois este é o principal contribuinte para os dois primeiros. Estados negativos de saúde podem ser melhorados dramaticamente através da prática da meditação em uma base regular. Quando estiver praticando a meditação notará que ficou mais fácil para você controlar o seu humor, e se sentirá mais positivo sobre o futuro em geral. Muitos atletas se preocupam muito com o resultado ou com um fracasso passado, que são irrelevantes para o presente, se você usar o tempo para maximizar o seu potencial presente através de uma melhor nutrição e meditação. Se o seu objetivo é controlar melhor seus pensamentos e emoções, você descobrirá que a meditação irá acalmá-lo e permitirá que não se sinta sobrecarregado em situações extenuantes.

CAPÍTULO 4: OS MELHORES TIPOS DE MEDITAÇÃO PARA MUSCULAÇÃO

Meditação Consciente - Mindfulness

Durante a meditação plena, os atletas devem tentar permanecer no presente, em cada um e em todos os pensamentos que eles tenham atualmente, escrevendo-os em sua mente.

Este tipo de meditação ensina você a se tornar consciente de seus padrões de respiração, mas não tenta mudá-los de alguma forma, através de práticas de respiração. Esta é uma forma mais passiva da meditação em comparação com as outras formas mais ativas, que exigirão que você mude seus padrões de respiração. Mindfulness é um dos tipos mais comuns de meditação no mundo, do qual todos os atletas podem se beneficiar grandemente.

Meditação focada

Atletas usando a meditação estão direcionando seus pensamentos para um problema específico, emoção ou objeto no que deseja focar e encontrar uma solução para ele.

Comece por limpar sua mente de todas as distrações e, em seguida, tomar algum tempo para se concentrar em apenas um único som, objeto ou pensamento. Você está tentando focalizar por tanto tempo quanto possível neste estado mental onde você pode então redirecionar sua concentração a um objetivo que você quer alcançar.

A escolha é sua, se você quiser seguir em frente para trabalhar sobre qualquer outro pensamento ou objetivo, ou você também pode simplesmente manter esse foco inicial no som, objeto ou pensamento que você tinha antes.

Meditação de movimento

Meditação de movimento é outra forma de meditação que você também deve tentar. Este é um tipo de meditação, onde você se concentra em seus padrões de respiração, movendo o ar para dentro e fora de seus pulmões, enquanto faz fluxo de padrões de movimento (com as mãos) que você vai repetir. Você pode se sentir desconfortável no início, mover-se com os olhos fechados, mas com o tempo você vai notar é realmente muito relaxante e irá ajudá-lo a melhorar sua saúde geral.

Uma mente em conexão com o corpo será otimizada nesse tipo de meditação, especialmente para pessoas que têm dificuldade para ficar quietas e preferem se deslocar com movimentos de fluxo natural. Estes movimentos devem ser lentos e repetitivos. Quanto mais controlados eles forem, melhor. Fazer movimentos rápidos ou violentos irão desfazer o benefício da meditação.

Pessoas que praticam yoga muitas vezes acham esta forma de meditação excelente, pois é semelhante à respiração e os exercícios de movimento da ioga. Ambos melhoram o controle sobre si mesmo e sobre os pensamentos. Para as pessoas que nunca fizeram ioga antes e já fizeram meditação de movimento, descobrirão que o aquecimento com alguns exercícios com base na yoga, muitas vezes, poderão facilitar na meditação de movimento rápido. O objetivo é entrar em um estado meditativo mais rápido e a yoga certamente permitirá que você faça isso de uma maneira natural. Enquanto a yoga se concentra mais na melhoria da flexibilidade e no desenvolvimento da força muscular, a meditação de movimento é dirigida mais para um estado mental e para padrões respiratórios lentos.

Meditação Mantra
A meditação mantra vai ajudá-lo a focar melhor seus pensamentos e a limpar sua mente, para maximizar o efeito da meditação.
Durante a meditação mantra, você citará mantras repetidamente enquanto segue o seu processo meditativo. Um mantra pode ser um som, frase ou oração que é cantado repetidamente.
Nós não vamos estar focando em meditação espiritual, mas em outros tipos de meditação : meditação focada, mindfulness, meditação mantra e meditação de movimento.
Todo mundo é diferente, o que significa que você não tem que usar apenas um tipo de meditação para alcançar seus

objetivos. Você pode usar uma ou mais formas de meditação, e em ordem diferente.

CAPÍTULO 5: COMO SE PREPARAR PARA MEDITAR

Depois de saber que tipo de meditação vai fazer, você precisa saber como se preparar para meditar. Certifique-se de não se apressar em de seu processo de meditação, pois isso vai certamente reduzir os efeitos globais e diminuir os possíveis resultados.

EQUIPAMENTO: Coloque um tapete, cobertor, toalha, ou cadeira onde você planeja meditar.

Algumas pessoas preferem usar uma toalha (o que é ótimo para quando você estiver viajando ou fora da cidade), ou uma esteira para sentar-se ou deite-se de costas. Outros preferem se sentar em uma cadeira para ter uma posição estável, que irá ajudá-lo a não cair no sono, caso você se sinta muito relaxado.
Eu prefiro sentar-se em uma esteira de yoga, pois é uma posição que eu sinto me ajuda a me concentrar e relaxar. Às vezes eu aqueço com yoga ou alongamento estático, por isso eu já tenho meu tapete pronto, mas quando eu viajo eu simplesmente uso uma toalha grossa.
Estar confortável é muito importante para entrar no correto estado mental, então certifique-se de estar usando o equipamento certo para começar.

TEMPO: Decida quanto tempo você vai meditar com antecedência

Certifique-se de decidir de antemão por quanto tempo você planeja meditar e com que finalidade. Para algo simples como focar na respiração ou em ser positivo, você pode planejar fazer uma sessão curta de cerca de 5 a 15 minutos de duração. Considerando que, se você está pensando em se concentrar em um problema e quer tentar encontrar uma solução para ele, você pode pensar em dar a si mesmo tempo suficiente para primeiro relaxar através de padrões de respiração e, em seguida, começar a se concentrar em soluções e alternativas para o problema em questão. Isso pode levar de 10 minutos a uma hora ou mais, dependendo do seu nível de experiência em meditação, ou pode também depender de quanto tempo você leva para entrar em um estado relaxado de mente, que lhe permitirá concentrar-se bem o suficiente para enfrentar o problema.
Planeje quanto tempo você vai demorar, para que possa se preparar com antecedência para ficar no mesmo local, até que termine sem interrupções, tais como: estar com fome, crianças que entram na sala, pausa para ir ao banheiro, etc... Cuide dessas possíveis distrações de antemão.

LOCAL: Encontre um espaço limpo, silencioso e confortável para meditar

Encontre um lugar onde você possa relaxar totalmente e limpar sua mente sem interrupções. Isso pode ser em qualquer lugar que você se sinta confortável e pode chegar a este estado de espírito relaxado. Poderia ser na grama em um parque, em casa, em seu quarto, em seu banheiro, em uma tranquila sala vazia, ou sozinho em seu carro. Isso é completamente com você. Certifique-se de que você não escolha um local onde pode ter trabalho próximo de você, ou um telefone celular que fique tocando ou vibrando. PONHA O SEU CELULAR EM OFF! É impossível obter os resultados desejados da meditação com distrações constantes; e atualmente os telefones celulares são a principal fonte de distração e interrupções.

O local escolhido deve ter estas coisas em comum: deve ser silencioso, limpo, e precisa ter uma temperatura ambiente amena (muito quente vai fazer você dormir e muito frio vai fazer você querer levantar e se movimentar), e deve estar livre de distrações.

PREPARO: Prepare o seu corpo para meditar

Antes de meditar certifique-se de fazer o necessário para obter o seu corpo relaxado e pronto. Isto pode ser tomar uma ducha, alongar-se, colocar roupas confortáveis, etc...

Certifique-se de comer pelo menos 30 minutos antes de começar, para que você não sinta fome e nem muito cheio. Uma refeição magra seria o ideal para ajudá-lo a se preparar adequadamente de antemão. Eu vou entrar com mais profundidade sobre a importância da nutrição em um dos capítulos seguintes.

AQUECIMENTO: Faça de antemão alguma Yoga ou alongamento para começar a relaxar.

Para alguns de vocês que já tenham feito yoga no passado, sabem como ela pode ser relaxante. Alguns de vocês que ainda não começaram a fazer yoga, seria um bom momento para começar, uma vez que irá ajudá-lo a relaxar melhor e a acalmar-se. Não é necessário fazer yoga antes de meditar, mas ajuda a maximizar os efeitos e a acelerar o processo de relaxamento, para que você obtenha o estado mental correto. O alongamento é outra boa alternativa desde que ele seja combinado com alguns exercícios respiratórios que irão ajudá-lo a se acalmar e a se sentir mais à vontade.

MENTALIDADE: Respire profundamente para começar a se acalmar

Respirar é fácil, mas praticar a respiração leva mais tempo. Os benefícios da prática de técnicas de respiração são muitos.

A maioria dos atletas vão poder se recuperar mais rapidamente após momentos intensos. Eles também irão notar que são capazes de manter o foco, mesmo quando estiverem sem fôlego. OS ATLETAS PRECISAM APRENDER A RESPIRAR! Os atletas precisam se focar no ar entrando e saindo de seus pulmões, prestar atenção em como o corpo se expande e contrai. Ouvir e sentir o movimento do ar dentro e fora de seu nariz e boca, irão ajudá-lo a se sentir mais relaxado e é adequado para se concentrar na sua respiração. Cada vez que você inspirar e expirar tente se focar em um estado mais e mais profundo de relaxamento. Toda vez que o oxigênio enche seus pulmões, seu corpo vai se sentir mais fortalecido e cheio de emoções positivas.

AMBIENTE: Adicione um pouco de música de meditação ou relaxamento no fundo somente se ela não se tornar uma distração.

Se a música de meditação ajuda você a entrar em um estado relaxado, certamente deve ser incluída em sua sessão de meditação. Toda e qualquer coisa que ajuda você a entrar em um estado mais focado e relaxado devem ser usada, incluindo a música.
Se você sentir que é capaz de limpar melhor a sua mente, sem qualquer som ou música, então não adicione música ao seu ambiente.

Eu normalmente não adiciono música, simplesmente porque acho que a música me leva em outras direções que eu nem sempre quero ir, pois a música me lembra de outros pensamentos e ideias. Isso é só comigo, mas talvez a música dê certo para você. Experimente ambas as opções para ver o que funciona melhor com você. Alguns atletas gostam de ouvir música antes de competir, uma vez que se sentem relaxados ou ficam de bom humor. Descubra o que funciona para você e faça.

POSIÇÕES PARA MEDITAR

Quando se trata de posições para meditar é basicamente com você. Não há uma posição certa ou errada, apenas com a qual você obtém o melhor estado de concentração. Para algumas pessoas sentar-se em uma cadeira é ótimo, por causa do apoio de trás, enquanto outros preferem ficar mais perto do chão e decidem sentar-se em uma toalha.

Para as pessoas que são menos flexíveis a posição de lótus pode ser algo que você vai querer ignorar ou esperar para experimentar, pois pode ser muito desconfortável mantê-la por um longo período de tempo. Mais uma vez, certifique-se que você pode ficar na mesma posição pelo período de tempo que está planejando meditar, do contrário escolha outra posição.

Posição sentada

Para a posição sentada, simplesmente encontre uma cadeira que permita que você se sinta concentrado sem fazê-lo se sentir muito desconfortável ou relaxado demais, deixando-o sonolento. Certifique-se de que suas costas fiquem retas quando sentado e que seus pés possam toquem o chão, pois você não quer terminar sua sessão de meditação com dor nas costas. Algumas pessoas preferem usar um travesseiro macio em sua cadeira para se sentirem mais confortáveis.

Ajoelhado no chão

Tire os sapatos e as meias fora se você quiser ajoelhar-se no chão. Tente ajoelhar em cima de um tapete macio ou toalha dobrada com os dedos dos pés apontando para trás e os quadris diretamente acima de seus calcanhares. Suas costas devem estar retas e relaxadas para permitir que seus pulmões se expandam e contraiam tantas vezes quanto necessário. Você quer criar uma forte conexão através de sua respiração e para fazer isso, o ar tem que entrar e sair de seus pulmões em um movimento fluente.

Posição birmanesa

A posição birmanesa é semelhante a uma borboleta em posição de alongamento, mas com uma alteração da posição dos pés. Sente-se no chão e abra as pernas, em seguida, dobre os joelhos, trazendo seus pés em direção à parte interna de suas pernas. Um pé deve estar em frente do outro. Enquanto nesta posição, tente manter os joelhos para baixo, tão baixo quanto possível. Se sentir-se desconfortável escolha outra posição, pois há muitas opções. Suas mãos devem estar ao seu lado ou juntas com os dedos entrelaçados. Suas costas devem estar retas, e sua testa ligeiramente inclinada para cima e para a frente, para que você possa tomar o ar e liberá-lo de uma forma plena e completa. Esta é uma posição avançada de meditação por isso não é necessário começar com ela, a menos que você se sinta completamente relaxado nela.

Posição de lótus

A posição de Lotus é muito semelhante à posição birmanesa, mas com uma pequena alteração. Você vai precisar trazer seus pés para cima de suas coxas, enquanto estiver na posição birmanesa. Suas mãos devem estar em seus lados ou juntas com os dedos entrelaçados. Meus joelhos se sentem desconfortáveis nesta posição, por isso eu não a uso para minhas sessões de meditação, mas você é livre para experimentá-la, desde que ela não lhe cause dor. Você não quer que a dor que você sente tire toda a sua atenção de seu objetivo de respiração focada e calma. Se você não gosta desta posição, simplesmente escolha outra.

Posição deitada

Deite-se sobre o tapete, toalha, ou cobertor e relaxe os pés e as mãos. Suas mãos devem permanecer em seus lados e os pés apontando para cima ou para fora. Suas mãos podem ser colocadas em seu estômago em uma posição delicada, mas ainda em seus lados. Sua cabeça deve ficar de frente para o teto ou o céu. Se você inclíná-la para um lado ou para outro, isso não permitirá que você fique focado por longos períodos de tempo, e pode até mesmo acabar com alguma tensão no pescoço. Esta é uma ótima posição para meditar (quando feita corretamente), desde que você não adormeça. Se este é o seu problema, basta escolher outra posição.

Posição borboleta

Nesta posição, você terá de sentar-se em sua esteira ou toalha, abrir as pernas e, em seguida, juntar os pés para que a palma de um pé encontre a do outro. Seus joelhos podem ir para cima, ou eles podem até tocar o chão, não importa, contanto que você se sinta confortável e possa relaxar nesta posição. Certifique-se de que sua coluna fique reta e equilibrada.

CAPÍTULO 6: MEDITAÇÃO PARA MAXIMIZAR OS RESULTADOS DA MUSCULAÇÃO

Meditando para alcançar o seu potencial máximo dependerá de sua capacidade de se concentrar em um pensamento ou problema, e manter o foco durante o tempo que for necessário para resolver o problema ou até que você alcance o seu objetivo. Isto irá criar confiança e autoconvicção para futuras tarefas que você possa precisar realizar.

Quando você medita e deseja alcançar o máximo de resultados, você terá que seguir estes passos exatos de cada vez. Se você alterar ou eliminar qualquer passo, você vai acabar mudando o resultado da sessão de meditação.

Estes passos são:

1º : Encontre um lugar calmo onde você não será perturbado.

2º : Coloque um tapete, toalha, cobertor, ou cadeira onde você está planejando meditar.

3º : Certifique-se de que você teve uma refeição leve ou lanche cerca de uma hora antes de meditar.

4º : Escolha uma posição na qual você vai se sentir confortável durante toda a sessão. Isto poderia ser : sentado em uma cadeira, deitado em uma esteira, sentado na posição birmanesa, Lotus ou borboleta, de joelhos sobre um tapete, ou em qualquer outra posição de meditação confortável mencionada antes.

5º : Comece o seu padrão de respiração. Se você quer se acalmar e relaxar, deve escolher expirar mais ar do que inspirá-lo (exceto se você estiver fazendo a meditação mindfulness pois nela você não deve tentar controlar a sua respiração, em vez disso deve simplesmente sentir o ar entrando em seus pulmões e, em seguida, saindo para o ambiente ao redor). Por exemplo, inspire durante 4 segundos e depois expire por 6 segundos. Quando você tentar energizar-se, e se sente muito relaxado ou acabou de acordar, você iria inspirar mais ar do que expirar em uma razão específica, na qual você pode decidir de antemão. Por exemplo, inspire por 5 segundos e expire por 3 segundos. Lembre-se de que cada sequência de respiração deve ser repetida por pelo menos 4-6 vezes para permitir que a sua respiração desacelere sua mente e o leve a um estado de calma melhor para meditar. Para todos os padrões respiratórios você vai inspirar pelo nariz e expirar pela boca, exceto para a meditação mindfulness que será sempre através do seu nariz, pois o foco não é a sua respiração.

6º : Uma vez que você tenha completado os seus padrões de respiração da maneira explicada no capítulo técnicas de respiração, você deve começar a se concentrar em algo que quer obter, alcançar, ou simplesmente visualizar na sua mente. Concentre-se nisso durante tanto tempo quanto possível. Sessões curtas lhe darão resultados menos duradouros, enquanto que sessões mais longas tendem a ajudá-lo a manter o nível de concentração, mesmo depois de você terminar de meditar. Todos os atletas sabem que, quando é hora de treinar, (especialmente quando sob pressão), eles precisam manter o foco e serem capazes de fazer isso por um longo período de tempo sem perder a concentração, o que lhes permite superar a concorrência. **Esta é a diferença entre os campeões e o resto!**

7º : Este pensamento deve agora evoluir para um curto ou longo clipe de vídeo mental, daquilo que você está criando em sua mente, para ajudá-lo a conseguir o que você deseja em sua mente em primeiro lugar, com o objetivo de, eventualmente, fazer acontecer em uma situação da vida real. Seja o mais específico possível e fique relaxado no processo. Esta sétima etapa adiciona visualização ao processo, mas não há nada de errado com isso, pois só poderá beneficiá-lo, e é necessário se você só quiser mantê-lo simples.

8º : Os atletas precisam usar a respiração para concluir suas sessões de meditação, para terminar como começaram. Se você não tiver que competir no mesmo dia, pode usar padrões de respiração lenta, como no exemplo abaixo:

Padrão normal de respiração lenta: Comece tomando ar pelo nariz lentamente e conte até 5. Em seguida, solte lentamente em contagem regressiva de 5 a 1. Você deve repetir este processo de 4 a 10 vezes até que se sinta completamente relaxado e pronto para meditar. Os atletas devem se concentrar em inspirar pelo nariz e expirar pela boca para este tipo de técnica de respiração. Se você tem que competir no mesmo dia, você deve energizar o corpo e a mente no final, usando padrões de respiração rápidos, conforme abaixo:

Padrão normal de respiração rápida: Comece tomando ar pelo nariz lentamente e contando até 5. Em seguida, solte lentamente em contagem regressiva de 3 a 1. Você deve repetir este processo de 6 a 10 vezes até se sentir completamente relaxado, mas energizado. Os atletas devem se concentrar em inspirar pelo nariz e expirar pela boca para este tipo de padrão de respiração.

CAPÍTULO 7: TÉCNICAS DE VISUALIZAÇÃO PARA MELHORAR OS RESULTADOS DA MUSCULAÇÃO

Três principais tipos de técnicas de visualização:

Existem muitos tipos de visualização que podem ser executadas. Os três tipos mais comuns são visualizações motivacionais, visualizações de solução de problemas e visualizações orientadas para metas.

Os atletas de todos os ramos comumente usam visualizações de uma forma ou de outra; muitas vezes, mesmo sem saber o que elas estão fazendo por eles. Para alguns, isso é feito acordado, por isso é conhecido como o dia dos sonhos e para outros pode acontecer em seus sonhos, mas sem nenhum controle sobre o resultado. Quando você está visualizando você tem o controle de tudo o que está vendo em sua mente e pode projetar o início e o fim da maneira que quiser. Ser criativo é útil uma vez que as coisas nem sempre saem da maneira que planejamos para elas na vida real, mas ao estar preparado mentalmente e emocionalmente para todos os resultados possíveis, as coisas se tornam mais fáceis de lidar quando chega a hora de executar. O pico de desempenho é um termo usado quando você está "na zona" e no seu melhor. É mais fácil treinar quando você está em seu pico e preparou sua mente através de visualizações.

Por que visualizar para se motivar?

Algumas pessoas têm dificuldade em encontrar a motivação certa para fazer o que eles deveriam estar fazendo quando estão sob pressão, ao invés disso ficam intimidadas pelas pessoas que estão a observá-las. Ao motivar-se através de visualizações dizendo-se a si mesmo para fazer o melhor, impulsionando-se firmemente, então você visualiza os pensamentos que deseja realizar em sua mente e eles irão desbloquear as possibilidades cerebrais para vencer o medo, a ansiedade, o nervosismo e a pressão envolvida enquanto compete.

O que são as visualizações de solução de problemas?

As visualizações de solução de problema são uma forma comum de treinamento mental e pode ser a mais útil de todas as técnicas de visualização. Muitas vezes, os atletas se acham cometendo os mesmos erros repetidamente e por isso encontram sempre o mesmo resultado. Isso acontece porque eles precisam gastar algum tempo analisando a situação procurando todas as soluções possíveis para seus problemas. Ao encontrar um simples tempo para visualizar, será um tempo bem gasto, quando você precisar resolver um problema específico. Ter muitas distrações durante o dia, tanto mental como visual, pode retardar a velocidade na qual você pode encontrar uma solução para algo que gostaria de corrigir. Pode ser um hábito que tenha formado e que não consegue se livrar. Também pode ser que você tenha agido errado na hora errada. Outras vezes, pode ser que você perca a paciência ou seja muito emocional quando precisa manter a calma. Há muitas situações possíveis em que um atleta pode estar e não sabe como abordá-las, e esta pode ser a principal razão de seu sucesso estar atrasado ou nunca ter existido.

O primeiro passo é encontrar o tempo para resolver e visualizar problemas.

O segundo passo para a solução de problemas é determinar qual é o problema e como ele afeta você.

O terceiro passo é encontrar soluções alternativas que podem levá-lo na direção certa ou que podem eliminar o problema. Em alguns casos, você pode ter que pedir a outras pessoas que tenham estado em situações similares e descobrir como elas abordaram este problema e se a sua solução é uma opção para você.

O quarto passo é visualizar como você executará fisicamente esta solução e torná-la tão vívida e real quanto puder.

O quinto passo é fazer correções quando você viu mentalmente que não vai funcionar e encontrar uma alternativa. Você também pode aplicar simplesmente a solução na vida real, e se ela não funcionar, volte a visualizar mais tarde para encontrar uma solução melhor. Isto é mais que um método de técnica de visualização de "tentativa e erro", mas pode ser usado como uma ferramenta prática para você chegar lá, combinando-o com visualizações.

O que são visualizações orientadas em objetivos ?

As visualizações orientadas em objetivo são imagens mentais e vídeos que você deseja criar em seu cérebro, quando está visualizando com o foco de alcançar um objetivo específico. Isso pode ser: vencer uma competição, melhorar o seu tempo recorde, treinar mais horas por dia, acrescentar "X" quantidade de proteína em sua dieta, não se cansar tanto (algumas delas são metas baseadas em resultados e algumas são metas baseadas em desempenho. Ambas são importantes ao planejar sua sessão de visualização e futuro progresso como atleta).

É para que você treina fisicamente. Para ver os resultados no final de todo o trabalho duro. Usar visualizações completa o treinamento, fazendo a última e mais importante parte do preparo para a competição. Você prepara o corpo e a mente para trabalharem em sua melhor performance quando você mais conta com eles. Nutrição e treinamento físico irão preparar o seu corpo. Meditação, técnicas de respiração e visualizações irão preparar o seu cérebro. A combinação de ambos lhe darão maior vantagem competitiva e é isso que você quer.

CAPÍTULO 8: : TÉCNICAS DE VISUALIZAÇÃO: VISUALIZAÇÕES MOTIVACIONAIS

Aprendendo a se inspirar

Ficar inspirado vendo-se bem sucedido através de visualizações é uma ótima imagem a se experimentar, e um maravilhoso efeito que visualizar de pode criar em sua vida. Aprenda a se inspirar e acredite que as coisas são possíveis em sua vida, por que elas são. Atletas muitas vezes limitam-se porque não sonham suficientemente grande. Com um pouco de planejamento e um pouco de disciplina muitas coisas são possíveis, não importa o quão difícil possa parecer.

O que são visualizações motivacionais?

Visualizações motivacionais são as imagens mentais que você criará, na qual você se vê confiante, radiante e bem sucedido. Inspirar-se através de uma autoimagem positiva amplificada é poderoso, e pode ter efeitos em cascata em outras partes de sua vida.

Você deve imaginar a si mesmo alcançando um objetivo na visualização.

Estas são algumas perguntas que você deve perguntar a si mesmo enquanto se prepara para realizar visualizações motivacionais:

- Como você gostaria de se vestir para competir se pudesse escolher qualquer uniforme, roupa ou adorno?
- Como você caminharia antes de competir se tivesse toda a confiança do mundo?
- Qual seria o ambiente perfeito para você competir?
- Que expressões faciais você teria se fosse vencer?
- Como você ficaria se perdesse 5 quilos de gordura e fosse mais magro, mais rápido e mais explosivo?
- Como você ficaria sentindo-se confiante?
- O que você faria se ganhasse a competição ou alcançasse seu objetivo?

Ao ver a si mesmo bem sucedido com o objetivo que você está tentando construir o desejo de alcançá-lo, então você se esforça o máximo possível para chegar lá. Ter uma forte vontade para alcançar seus objetivos vai aumentar suas chances para desbravar mentalmente a vitória e fará a verdadeira vitória possível.

Visualizações motivacionais podem ser usadas para diferentes propósitos em sua vida pessoal e podem melhorar o seu desempenho global em sua vida atlética; especialmente se você está tentando deixar um vício como o tabagismo, álcool, raiva ou medo incontrolável, comer de mais, festas, jogos de azar, etc...

CAPÍTULO 9: TÉCNICAS DE VISUALIZAÇÃO: VISUALIZAÇÃO PARA SOLUÇÃO DE PROBLEMAS

As visualizações devem ser feitas corretamente e dirigidas para as melhores técnicas de solução de problemas. Por esta razão, determinar o que irá funcionar melhor é o passo mais importante. Por esta razão, vamos ver como a maioria dos atletas faz a abordagem de seus problemas.

Como a maioria dos atletas faz a abordagem para a solução de problemas?

Há muitas maneiras que os atletas abordam seus problemas e tentam resolvê-los. "Tentativa" é a palavra-chave.

Estes são os exemplos mais vistos frequentemente de como os atletas abordam a solução de problemas:

A solução da raiva

Eles ficam com raiva de seus problemas e se sentem frustrados a tal ponto que seu cérebro ajuda em pouco ou em nada, porque eles estão dominados por suas emoções negativas.

A raiva é uma reação emocional que é normal e comum, mas não necessariamente uma solução que trará resultados positivos. Ao tentar resolver os seus problemas, as emoções precisam ser postas de lado para que você possa se concentrar melhor no problema real que precisa ser tratado.

Gerenciar a raiva é difícil para alguns e pode levar algum tempo para superar, mas atividades específicas, tais como visualizações, meditação e yoga são uma ótima maneira de começar.

A solução da "culpa do jogo"

Atletas que culpam os outros por seus erros ou problemas conscientemente, se esforçam para não se culpar. Culpar os outros por seus erros ou problemas é a maneira mais fácil de justificar a falta de sucesso, mas não resolve o problema.

Outros culpam seus equipamentos e/ou ambiente, sem considerar que as mudanças no clima e arredores, afetará todos os concorrentes e não apenas eles. Culpar simplesmente a falha do equipamento, não é o que deve ser focado, uma vez que o preparo adequado pode facilmente resolver esse problema. Às vezes, o equipamento pode não ser responsável por todas as falhas, e é apenas uma maneira de culpar algo diferente de si mesmo. Assumir a responsabilidade por suas ações é o mais difícil, mas a maneira mais produtiva para avançar para uma solução real.

A solução das "queixas"

As queixas e reclamações fazem sua voz ser ouvida por outras pessoas e por si mesmo, mas apenas retarda o resultado inevitável do fracasso, uma vez que não estão sendo tomadas medidas para remediar a situação. Lamentar começa em uma idade jovem, quando você não consegue o que quer, mas a pior coisa que pode acontecer é dar o que você está reclamando, pois isso não permite que você resolva o problema corretamente. Aprender a lidar com um desempenho negativo deve ser um elemento-chave no desenvolvimento de resistência mental. Tornar-se mentalmente forte não acontece porque você teve um caminho fácil para o sucesso. Isso vem normalmente por não ceder a resultados negativos e ao fracasso.

A solução do "parar de tentar "

Não fazer qualquer esforço para ter sucesso e, basicamente, desistir é uma escolha que alguns atletas fazem, mas não é algo para se orgulhar, pois existem tantas outras opções melhores. Treinar seu cérebro para encontrar alternativas para o sucesso em vez de desistir, será sempre um caminho melhor e mais proveitoso.

A solução da "reincidência"

O atleta reincidente é aquele que continua cometendo o mesmo erro repetidamente esperando um resultado diferente. Todos nós fomos vítimas desse erro mental, mas ele pode se tornar um ponto de virada para aqueles que reconhecem esta falha e querem fazer uma verdadeira mudança em seus resultados.
Simplesmente mudar a maneira como você resolve o seu problema já é uma melhoria, mesmo que isso não seja uma direção precisa para seguir, mas é um caminho diferente, e um caminho diferente vai lhe dar uma chance de mudar as coisas.

A solução da "tentativa e erro"

A solução da "tentativa e erro", é simplesmente tentar novas abordagens para o seu problema e ver se elas são uma solução para ele. A consequência será que você acabará por encontrar a solução certa para o seu problema, mas isso pode levar muito mais tempo do que você gostaria ou mais tempo de que dispõe.
Esta é uma abordagem muito melhor do que as últimas soluções referidas, mas você pode aprender a fazer escolhas ainda melhores, separando determinados fatores e condições de suas opções, e isso é o que veremos a seguir.

A solução da "melhor probabilidade"

Quando estamos resolvendo problemas, todos nós sabemos que temos alternativas e escolhas que podemos fazer para encontrar uma solução, mas sabendo que uma delas será mais útil, vale a pena visualizar na mais importante.

Usar probabilidades ajudará a quantificar o que você está tentando resolver em sua mente.

Por exemplo, se você acha que toda vez que você se aquece, começa a ficar nervoso, mas não sabe porquê. Eventualmente, uma vez que você tenha completado o seu aquecimento, então o nervosismo vai embora e você se sentirá bem. Agora você sabe que focar a visualização no seu desempenho real só conta menos de 10% do problema, então saberá que o aquecimento é 90% do seu real problema. Você pode trabalhar em seu desempenho mental, mas encontrar uma solução para o seu problema de aquecimento irá lhe fornecer resultados mais valiosos, uma vez que é responsável por 90% de seu problema, e irá resultar em uma melhoria de 90% no seu desempenho global.

Outro exemplo seria, se você acha que toda vez que está em uma situação de pressão você congela e tem baixa performance. Esse momento chave conta como 100% de seus resultados com base em performances passadas. Uma vez que vai representar a maior mudança no que você quer alcançar, você deve concentrar 100% de suas sessões de visualização na busca de soluções para esse momento chave. Dessa forma, você será mais produtivo com seu tempo.

Incidindo sobre o que mais importa fará a maior mudança; por isso aprender a se concentrar e direcionar suas visualizações no que irá ajudá-lo mais e não em problemas sem importância , mesmo se não resolvidos, criará uma verdadeira melhoria em seus resultados.

CAPÍTULO 10: TÉCNICAS DE VISUALIZAÇÃO: VISUALIZAÇÃO ORIENTADA PARA METAS

Metas baseadas no desempenho versus metas baseadas em resultados

Antes de iniciar qualquer visualização orientada em objetivo, você deve ter uma imagem clara do que você quer ganhar ao visualizar e qual será o melhor caminho para chegar lá.

O que são metas baseadas no desempenho?

Metas baseadas no desempenho são metas simples que podem ser alcançadas por fazer coisas que você sabe que precisa fazer para ser bem sucedido. Estas podem ser físicas ou mentais. Não olhar para a competição, a família e os amigos durante uma performance, é um grande exemplo de meta baseada no desempenho que você pode ter para si mesmo. Se for capaz de atingir essa meta depois de competir, então você cumpriu o que se propôs a fazer e estará muito mais perto de alcançar suas metas com base em resultados.

Outro exemplo de meta baseada em desempenho é focar em manter a calma e a respiração durante uma competição. Alcançar essa meta no final será o seu objetivo. Alcançar esse objetivo vai ajudá-lo a chegar muito mais perto de ser bem sucedido e de realizar o seu potencial. É um objetivo simples e fácil de obter, do qual você tem 100% de controle. Se você não conseguir da primeira vez, sabe que se continuar tentando, acabará chegando lá, e pode então criar uma meta baseada em um novo desempenho, mais difícil ou diferente.

Estes são outros exemplos de metas de desempenho que os atletas podem ter:

- Fazer uma flexão a mais todos os dias.
- Alongar-se por 10 minutos todo dia.
- Inspirar e expirar sob pressão.
- Concentrar seus olhos na tarefa a fazer e não no ambiente.
- Manter-se calmo quando tiver baixo desempenho.
- Ficar energizado quando sentir que está congelando em situações difíceis.

Você pode criar seus próprios objetivos com base no desempenho e torná-los mais difíceis se quiser, desde que sejam atingíveis.

Quais são as metas baseadas em resultados ?

Metas baseadas em resultados, são objetivos que você faz para si mesmo e que estão focados em resultados finais e não no processo para chegar lá. Alguns exemplos de uma meta baseada em resultados : vencer, chegar à final de uma competição, levantar "x" de peso, ter o melhor tempo, terminar em primeiro lugar, etc... Os atletas podem ter diferentes metas e ainda assim, alcançar o mesmo objetivo.

Alguns exemplos de metas com base em resultados que os atletas podem ter são:

- Ganhar 5 campeonatos antes do final do ano.
- Quebrar um recorde mundial.
- Terminar em primeiro lugar no seu país.
- Ganhar a sua primeira medalha ou troféu.
- Ajudar sua equipe a chegar à sua primeira final.
- Saltar mais alto do que jamais saltou antes.
- Executar o seu melhor tempo.
- Nadar mais distante do que antes.
- Alcançar a linha de chegada antes de todos.

Metas com base em resultados, são o resultado das metas de desempenho consistentes, organizadas e aumentadas gradualmente.

Ao fazer visualizações você precisa visualizar o sucesso em ambas as metas, com base no desempenho e nos resultados a alcançar. Você pode alternar dias para se concentrar em uma e depois em outra , ou simplesmente se ater a metas de desempenho em primeiro lugar e quando sentir que está confortável para alcançá-las, pode passar para as metas de resultados.

Ter metas é a chave para avançar e deve ser visualizada, pelo menos, uma vez por semana para que você tenha uma imagem clara do que está trabalhando para alcançar. É a melhor maneira de seguir em frente e ver a si mesmo avançando no processo. Sem objetivos, você não terá um caminho a seguir para o sucesso. Trace esse caminho em sua mente através de suas visualizações e depois transforme-o em realidade, colocando-o em prática ao treinar ou competir.

CAPÍTULO 11: TÉCNICAS DE RESPIRAÇÃO PARA MAXIMIZAR SUA EXPERIÊNCIA DE VISUALIZAÇÃO E MELHORAR O SEU DESEMPENHO

Padrões de respiração serão a chave para definir o ritmo de sua sessão de visualização e também para entrar em um estado hiper-focado.

Ao visualizar, você deve prestar atenção aos padrões respiratórios e encaminhá-los através de sua sessão. Todos os padrões de respiração devem ser feitos através da inspiração pelo nariz e expiração pela boca.

A fim de entrar em um estado mais relaxado, sua frequência cardíaca deve cair e, para isso, a respiração será essencial. Os padrões que você usa irão facilitar este processo para ajudá-lo a alcançar níveis mais elevados de concentração. Com a prática esses padrões de respiração se tornarão uma segunda natureza para você. Decida de antemão se os padrões respiratórios lentos são melhores para você ou se os padrões de respiração rápida é o que você precisa. Os padrões respiratórios lentos relaxarão você e os padrões de respiração rápida o energizarão.

PADRÕES DE RESPIRAÇÃO LENTA

A fim de abrandar a sua respiração você vai tomar o ar lentamente e por um longo período de tempo e, em seguida, soltá-lo também lentamente. Para os atletas, este tipo de respiração é bom, para que você relaxe após o treino ou cerca de uma hora antes da competição. Diferentes proporções de ar para dentro e para fora irão afetar o seu nível de relaxamento, e por sua vez, sua capacidade de atingir um nível ideal de visualização.

Padrão normal de respiração lenta: Comece por tomar o ar pelo nariz lentamente, contando até 5. Em seguida, solte lentamente em contagem regressiva de 5 a 1. Você deve repetir este processo de 4 a 10 vezes até que se sinta completamente relaxado e pronto para se concentrar. Os atletas devem se concentrar em inspirar pelo nariz e expirar pela boca para este tipo de padrão de respiração.

Padrão de respiração lenta prolongada: Comece por tomar o ar pelo nariz lentamente, contando até 7. Em seguida, solte lentamente em contagem regressiva de 7 até 1, expirando pela boca. Você deve repetir este processo de 4-6 vezes até que você se sinta completamente relaxado e pronto para se concentrar.

Padrão de respiração lenta para atletas hiperativos: Comece por tomar ar pelo nariz lentamente, contando até 3. Em seguida, solte lentamente em contagem regressiva de 6-1 expirando pela boca. Você deve repetir este processo de 4-6 vezes até se sentir relaxado e pronto para se concentrar. Este padrão irá forçar você a abrandar completamente. A última repetição desta sequência deve terminar com 4 segundos de ar dentro e 4 segundos de ar fora, para estabilizar sua respiração.

Padrão de respiração ultralenta: Comece tomando ar pelo nariz lentamente, contando até 4. Em seguida, solte lentamente em contagem regressiva de 10-1, expirando pela boca. Você deve repetir este processo de 4-6 vezes até que se sinta completamente relaxado e pronto para visualizar. Este padrão irá forçá-lo a desacelerar gradualmente. As últimas duas repetições desta sequência devem terminar com 4 segundos de ar dentro, e 4 segundos de ar fora, para estabilizar sua respiração e equilibrar o ar dentro e fora proporcionalmente.

Estabilizar os padrões de respiração antes de meditar: Este é um bom tipo de padrão de respiração que deve ser usado se você achar que já está calmo e quer começar meditando imediatamente. Comece tomando o ar pelo nariz lentamente e conte até 3. Em seguida, solte lentamente em contagem regressiva de 3-1. Você deve repetir esse processo de 7 a 10 vezes até que se sinta completamente relaxado e pronto para se concentrar. Os atletas devem se concentrar em inspirar pelo nariz e expirar pela boca para este tipo de padrão de respiração.

PADRÕES RESPIRAÇÃO RÁPIDA

Padrões de respiração rápidos são muito importantes para os atletas a fim de ficarem energizados e pronto para competir. Mesmo que esse tipo de padrão de respiração seja mais eficaz durante a visualização, ele também vai ser útil para meditar. Os atletas que são muito calmos e precisam se sentir mais no controle de sua mente, podem querer usar esses padrões para ficarem prontos para visualizar.

Padrão normal de respiração rápida: Comece tomando ar pelo nariz lentamente, contando até 5. Em seguida, solte lentamente em contagem regressiva de 3 a 1. Você deve repetir este processo de 6 a 10 vezes até que se sinta completamente relaxado e pronto para visualizar. Os atletas devem se concentrar em inspirar pelo nariz e expirar pela boca para este tipo de padrão de respiração.

Padrão de respiração rápida prolongada: Comece tomando o ar pelo nariz lentamente, contando até 10. Em seguida, solte lentamente em contagem regressiva de 5-1, expirando pela boca. Você deve repetir este processo de 5-6 vezes até se sentir completamente relaxado. Se você tiver problemas no início para chegar até 10, simplesmente diminua a contagem para 7 ou 8. Concentre-se em respirar pelo nariz e pela boca.

Padrão de respiração rápida pré-competição: Comece tomando ar pelo nariz lentamente, contando até 6. Em seguida, solte a respiração de uma vez, soltando o ar através de sua boca. Você deve repetir este processo de 5-6 vezes até que se sinta completamente relaxado e pronto para se concentrar. Você pode adicionar duas repetições para esta sequência, com 4 segundos de ar dentro e 4 segundos de ar fora, para estabilizar sua respiração e equilibrar o ar dentro e fora proporcionalmente.

Todos esses tipos de padrões respiratórios aumentarão o seu desempenho e podem ser usados durante a competição, dependendo do seu nível de energia ou nervosismo.

Os atletas que ficam nervosos antes da competição devem usar padrões de respiração lenta.

Os atletas que precisam ser energizados antes da competição devem usar os padrões de respiração rápida.

Em caso de ansiedade, uma combinação de padrões de respiração lenta, seguido por padrões de respiração rápida dará melhores resultados.

Durante as sessões de treinamento ou durante a competição quando se sentir esgotado ou sem fôlego, use o padrão normal de respiração rápida, para ajudar a se recuperar mais rápido.

Padrões de respiração são uma ótima maneira de controlar seus níveis de intensidade, pois lhe economizarão energia e permitirão que você se recupere mais rapidamente.

COMENTÁRIOS FINAIS

Ter um treinamento organizado, boa nutrição e plano de resistência mental pode fazer toda a diferença no mundo. Tomar tempo para trabalhar e desenvolver cada aspecto deste livro vai lhe dar os melhores resultados e permitirá que seu corpo se adapte a esta nova e melhor forma de preparo. Não saber o que fazer ou como começar a fazer uma mudança para melhor, é a razão mais comum por que a maioria das pessoas não melhora o seu desempenho depois de um certo ponto. Este livro irá guiá-lo através das partes mais importantes de um programa de treinamento completo e lhe permitirá chegar a um novo você "DEFINITIVO".

OUTROS GRANDES TÍTULOS DESTE AUTOR

Tornando-se mentalmente resistente em Fisiculturismo usando Meditação: Alcançar seu potencial através do controle dos seus pensamentos interiores.

De

Joseph Correa

Atleta Profissional e Treinador

www.ingramcontent.com/pod-product-compliance
Lightning Source LLC
Chambersburg PA
CBHW070130080526
44586CB00015B/1628